12시인의 셋째 노래

광야의 노래
(레위기 · 민수기 · 신명기)

김신영 정재영
김지원 조정
박남희 주원규
손진은 하현식
양왕용 권택명
이향아 김석

창조문예사

서문

세 번째 합동 시집을 낸다.

창세기, 출애굽기에 이어 레위기, 민수기, 신명기를 읽고 시로 형상화하는 지난한 작업이다.

지난하다 함은 축자영감설逐字靈感說을 믿는 입장에서 사상 영감을 도입해야 하기 때문이다.

성경 말씀에 대한 자의적인 해석은 오히려 성경 말씀에 대한 누가 된다는 사실도 염두에 둔다면 어려운 일임에 분명하다. 원문을 훼손시키지 않으면서도 공감하고 감동시킬 수 있어야 한다는 과제물 앞에서, 성경의 기자들이 성경을 기록하였듯이 우리에게 또 다른 그런 감동이 필요하기 때문이다.

물론 우리는 이미 이 일을 시작하기 전에 준비 시간을 갖고 각오를 다진 바 있다. 아무쪼록 이 일이 문서 선교의 작은 디딤돌이 되며 이 땅에 기독교 문화가 확산되는 초석이 되기를 바라면서, 하나님께는 영광이요 독자들에게는 또 다른 기쁨이 되기를 기도할 뿐이다.

김신영 김지원 박남희 손진은 양왕용 이향아
정재영 조 정 주원규 하현식 권택명 김 석

# 차례

✿ 서문 … 2

✿ 김신영 / 9
신성한 제의祭儀 • 애가哀歌 • 상한 갈대, 햇살 빚는 곳에서
해저에서 • 당신의 신탁
— 시작 노트

✿ 김지원 / 21
소제素祭를 드리며 • 민수기 • 검은 머리 짐승 • 모압 평지에서
아사셀 염소
— 시작 노트

✿ 박남희 / 35
곤坤 • 그 땅 • 땅이 입을 열어 • 하늘과 땅을 불러
비처럼 이슬처럼
— 시작 노트

❀ 손진은 / 47
무·손·다섯 살짜리, 하나님·노래
— 시작 노트

❀ 양왕용 / 57
까치밥, 그리고 남긴 포도·갈렙과 여호수아·므리바 물
좌로나 우로나 치우치지 아니하고·모세의 노래를 가져와
— 시작 노트

❀ 이향아 / 69
미리암의 광야·모세의 광야·광야로 가자·랍비 모세
구명복과 안전벨트
— 시작 노트

🌼 정재영 / 83
먼저 가신 길·그리운 소원·첫사랑의 화석·가루가 되어
소리 없는 음성
- 시작 노트

🌼 조　　정 / 95
필사 1·필사 2·안식일 나무꾼·그들의 포도는 크고
내 헤아림으로 너를 헤아릴 수 있겠니?
- 시작 노트

🌼 주원규 / 107
눈은 내렸다·어떤 구도構圖·귀·독백獨白·하늘 문 앞에서
- 시작 노트

🍀 하현식 / 115
번제를 위하여·출정식·진군·가나안·초막절 지나며
- 시작 노트

🍀 권택명 / 127
구속拘束·구속救贖·아사셀·역설-놋뱀
귀머거리-목이 곧은 백성·도피성逃避城
- 시작 노트

🍀 김　　석 / 139
푸른 가난, 풀잎 제사·줄을 서기와 줄 세우기
모세의 제7계명, 나 또한·빛 속에 숨다·물을 탁본하다
- 시작 노트

🍃 해설 - 염결한 신앙고백과 참회를 동반한 현실 인식_ 양왕용 • 165
🍃 12시인 주소록 • 199

김신영

***

| 약력 |

충북 충주 출생, 중앙대 대학원 석사 및 박사. 1994년 〈동서문학〉 등단. 홍익대 등 출강. 시집 《화려한 망사버섯의 정원》, 《맨발의 99만보》 외 대학 교재, 평론집 등 저서 다수. 기독시인학교 운영. 경기문화재단 우수작가(2019), 기독시문학상 수상(2019).

신성한 제의祭儀

그자들의 살을 떠서
신들에게 바칩시다

내장과 머리는 따로 놓으세요
번제로 드린다면 만족하실 겁니다

각을 뜰 때에는 조상들을 기억해요
조상들이 번제로 도살했던
수많은 양들을 기억해요

우리는 그자들을 바치는 것이 아닙니다
신들에게 순한 양을 바치는 것입니다
그자들은 죄를 지었어요
죄 때문에 히스 냄새가 나요

폭풍의 언덕에
당신의 그림자를 놓으시고
양의 살을 흠향하소서

애가 哀歌

웅장하고 세미한 음성의 나락까지 귓전에 내려오는
내가 반석을 치기도 전에 변심할 너희에게 이르노니
예순네 가지 화음으로 말하노니 너희는 들을지어다!

늑골이 으스러지는 부역으로 민초들은 가난을 면치 못할 것이며
일할 곳을 찾지 못한 청년들의 미래는 먹구름으로 드리워져 있고
표밭을 어지럽히는 더러운 돈 이야기로 해가 뜨고 해가 질 것이며
지도자들은 청렴의 도가 없고 기업인들은 지혜가 없고 깊이도 없으며
저마다 구도의 정신을 수행하는 종교인이 반수가 넘는 국회에서는
민초를 위한 개선이 없으며 오랜 고민의 경륜도 없으며
미래를 반길 만한 비전도 없으며

하여,
능력의 지지대가 되는 국토는 황폐할 것이며

이륙하는 비행기마다 산등성이를 넘지 못할 것이며
유람객을 태운 배는 다시 고향으로 돌아오지 못할 것이며
아이들은 운동화를 잃고 길거리를 헤맬 것이며
어른들은 산속을 헤매다 길을 잃을 것이며
노인들은 남은 목숨을 부여잡고 눈물을 흘릴 것이로다
의자에 앉기도 전에 두 동강이 난 다리를 건널 것이며
독사의 알을 품으며 그 알을 먹고 죽을 것이며
거미줄을 짜고 그 짠 것으로는 옷을 이룰 수가 없나니

그리하여 너희는 휠체어를 타고 가서 음식을 먹을 것이며
다리를 절며 거리를 걷고 이웃이나 다른 누구든 선 채로 만나며
곰같이 부르짖으며 비둘기같이 슬피 울며 공평을 바랄 것이며
우리에게서 멀어진 구원을 바라며
백성을 기억하는 목민관을 바랄 것이며
무화과나무의 열매를 바라며
포도 열매를 바라며 감람나무의 열매를 바라며

그리하여 숭엄한 오랜 세월 위에 웅크린 신을 깨울 것이로다!

상한 갈대, 햇살 빚는 곳에서

세상의 끝이 보이지 않는 들판에서
광기 어린 푸른 물속을 와락 움켜쥐면
피라미도 송사리도 아닌 것들이 마구 헤엄쳐 다닌다
세상의 끝에 사는 기이한 물고기를
꼬챙이로 낚아채려 광기를 뿜는 저녁
그에게 살벌한 바람이 불고 죽음의 그림자 다가간다
무엇이든 황금이라면 망설임 없이 달려드는 곳
멸종 위기인 네게도 꼬챙이를 들이대는 서글픈 시간
미쳐야 뭔가 보인다고 코를 낚는 광풍이 분다
안개가 토해 내는 광속으로 어지러운 건넛마을에는
밤이 깊을수록 번쩍이는 금빛이 넘실거리고
누가 더 화려할까 달빛이 오렌지색으로 변한다
대지에 내리는 별빛 외에는 무엇도 없는 땅에서
분노의 오래된 마음을 꺼내어 말리고 있다
용서가 되지 않는 시간을 꺼내어 뒤집어 본다
마수에 넘어가던 순간을 남김없이 복기復棋한다
역사 앞에서 한 점 부끄럼 없기를,
바람에 물들어 버린 나락
상한 갈대로 허리를 찌르고

피 묻은 손으로 그 허리를 만져 본다
때가 악하다는 간절한 음성을 듣는다
하여, 지친 신발을 벗고 무릎을 꿇으면
마지막 항구에 아직도 창백한 안색인
햇살 빚는 곳에 그대가 보인다 한줄기 가녀린 빛
어둠 속에 유일한 빛 내림
그 사랑이 얼굴을 쓰다듬으니
광기 어린 푸른 물속에
깊을수록 환해지는
문장과
다정하게 만난다

해저에서

머언 바다 끝에 다다라
푸른 물결 바닷속을 가만히 들여다보면
해저 구석에 쭈그려 앉은 마음이 보인다
두 손을 아래로 툭 떨어뜨리고
힘없이 돌벽에 기대어 있는 사람이 보인다
오래 기다리지 못하고
먼저 가 버린 시간이 그곳에 당도해
외로워하고 있는 것이 보인다
버릇없이 굴던 날이 빗물을 떨구면서
훌쩍거리는 측은한 소리, 서글픈 오후
바다 끝에다 버린 시간을
가만히 들여다보고 있으면
울컥한 울음을 쏟고 있는 오늘이 보인다
외롭고 격하고 못난 불온한 순간이
손을 잡아끌고 길고 깊은 해저를 가리킨다
이제는 쭈글해진 손 주름과 악수를 하며
빗물보다 진한 바닷물 속에 있는 시간이
돌에 걸려 넘어지던 순간과 함께
짠물을 물고 울고 있다

납덩이를 매달고 가라앉아 있는 시간
수중선水中船을 띄워야 하나
건져 올려 번제燔祭를 드려야 하나
머리와 다리를 따로 놓고 각을 뜨기 위해
예리한 칼을 높이 든다
용서의 마음이 눈앞에 온다
피 한 방울 흘리지 않는 계절이
성큼 다가오고 있다

당신의 신탁

척후를 짐 지고 가라는 지극한 명령
대나무 숲에서 당신이 내린 거룩한 신탁
컴컴한 지하에서 햇발이 지고 더 어둑해지면
갑판 위로 나와 오늘의 생환 일지를 쓰는 사람처럼
배에서 빠져나갈 방법을 모색하는 일
파랑이 높은 날이면 몹시 흔들리던 꿈의 흔적
바람 같은 어느 시간, 돛대에서 마주했던 꿈은
우리가 가진 망원경으로 아무리 멀리 보아도
10마일이 한계라고 가르쳐 주었다

인생이란 과목은 일찍이 배운 적이 없었으므로
누구도 답을 가르쳐 주지 못했다
하여, 우리가 사랑한 것들에 무게 중심을 옮겨
흩어 버린 것들에 사랑을 더해 보고
숨 쉬는 모든 것들에 의미를 주어 보고
그렇게 존재를 증명하는 순간 삶은
대나무 숲에서 정답을 몰고 올 테니

그만 일어나

법칙을 넘어 파동을 넘어 가시권을 넘어서
한 걸음도 빼지 말고 딱 그만큼을 걸어
오그랑수* 부리지 말고, 딱 그만큼을 걸어
우리의 그로테스크에 아무 의미도 더하지 말고
우리의 입버릇이 아직도 험하게 굴러가고 있으니

뒤척이는 걸음으로 지극한 와온을 찾으면서
잊지 못할 사람을 만나고 아픈 이별을 하고
척후의 완성은 그쯤에 있으리
신탁의 대답은 그쯤에 있으리
거기에 대나무 무수히 자라
귀를 열어 두고 기쁨으로 기다리고 있으리

* 오그랑수 : '꼼수'의 북한말

시작 노트

제의를 행하는 성경이나 제단을 보면 여성이 어디에 있는지 그 그림자도 찾을 수가 없다. 수많은 남성 목사님과 장로님들은 이러한 여성의 불평등에 왜 침묵하는지 한탄스럽다. 아니 오히려 여성이 안수를 받게 될까 봐 발을 동동 구르는 것 같아 안타깝다. 여성이 칼을 들어 제의를 행하면 하나님이 안 들어 주신다는 것인가? 수천 년간 행하여져 온 불평등에 마음이 많이 아프다. 여성의 옷을 입고 태어나 여성으로 살아가야 하는 것이 마치 내 잘못인 것 같다. 하나님의 숭엄한 평등의 세상을 꿈꾸어 본다.

김지원

***

| 약력 |

서울중앙교회 목사. 〈현대시학〉으로 등단. 시집으로 《다시 시작하는 나라》 등 8권. 수필집으로 《빗줄기의 리듬》이 있음. 기독교문화예술대상, 창조문예문학상, 한국크리스천문학상, 목양문학상 등 수상. 한국크리스천문학가협회장 역임.

소제素祭를 드리며

고운 가루가 되기까지
빻고 또 빻아도
남은 것들이 있습니다

아직 부서지지 않은 것들을 부서지게 하시며
깨어지지 않은 것들로 깨어지게 하셔서
나를 빚어
당신의 형상을 만드소서

공물을 드립니다
첫 이삭을 바칩니다
땅의 모든 소산이 당신께 있음을
천하에 알리는 시간

사실,
당신 것을 당신에게
다시 드리는
아름다운 질서일 뿐입니다

기도의 향연을 피워 올립니다

누룩처럼 부패한 것들을 버리게 하시고
하얀 소금으로만 남은 정결한
한 영혼을 드립니다.

레위기 2:14-15
너는 첫 이삭의 소제를 여호와께 드리거든 첫 이삭을 볶아 찧은 것으로 네 소제를 삼되 그 위에 기름을 붓고 그 위에 유향을 더할지니 이는 소제니라

김지원

민수기

날마다 죽고
날마다 다시 사는데
왜 사람들은 숫자를 헤아리는 것일까

돈을 헤아려 보고
머릿수를 헤아려 보고
가는 세월을 헤아려 보고
다시, 밥그릇 수를 세어 보고

확인하지 않으면
불안해 견딜 수 없는 세상

약속의 땅을 향해 가는 모세거나
삼 일간 온역으로 칠만 명이 죽은 다윗이거나
구레뇨가 수리아 총독 되었을 때
천하에 호적하라 명했던 가이사의 인구 조사거나

애굽의 박해 속에서도 사람 수는 늘어나고
광야의 자유 속에서도 숫자가 줄어드는

하늘의 법칙

하나님은 오늘도 인구 조사를 시작하여
인구 조사로 하루 일과를 마치시다.

민수기 1:2(민 26:2)
너희는 이스라엘 자손의 모든 회중 각 남자의 수를 그들의 종족과
조상의 가문에 따라 그 명수대로 계수할지니

검은 머리 짐승

아담은 말씀을 배신하고
아간은 시날산 외투 한 벌과 금덩이로
동족을 배신하고
게하시는 스승을 속이고
물질과 믿음을 바꾸었다

가데스 바네아에서
12정탐꾼은 희망을 배신하고
가롯 유다는 우주 삼라만상을
배신하고

데마는 결국 바울을 버리고
데살로니가로 떠났다

그의 소식은 더 이상 들려오지 않았다

식물이란 원래 발이 없어
한 번 뿌리내린 곳에서
죽기까지 제자리를 지키건만

인간은 발이 원수다
종종걸음으로 다니며
틈만 나면 배신의 기회를 엿보는
검은 머리 짐승.

민수기 14:1
온 회중이 소리를 높여 부르짖으며 백성이 밤새도록 통곡하였더라

김지원

모압 평지에서

출애굽 40년 11월
새 땅에 들어가기 두 달 열흘 전
모압 평지에서
내게 이르시되
알지 못하고 무성하게 돋아난
봄풀 같은 세대를 위하여
말씀을 먹으라

귀에는 쓰나
뱃속에서는 단
양식을 먹으라

한 반시 동안 고요하더니

다시 내게 이르시되
말씀을 입으라
새 하늘 새 땅에 들어가려거든

이제도 있었고

지금도 있고
이후에도 있을
거룩한 전쟁을 위하여
전신갑주全身甲冑를 입으라

신명기 1:5
모세가 요단 저쪽 모압 땅에서 이 율법을 설명하기 시작하였더라
일렀으되

아사셀 염소

대제사장은 목욕재계齋戒하고
세마포 옷으로 갈아입었다

발목에는 긴 끈을 묶었다
만약 지성소에서 죽거든 이 끈을 당겨라
생명을 담보로 한 제사

하나는 여호와를 위하여
다른 하나는 아사셀을 위하여
염소의 목에 두른 붉은 천의 글씨가 섬뜩한데

어느 길이든 다 죽어 사는 길이고
어느 길이든 다 살아 죽는 길이다

연기는 당신의 영광
대속죄일 당일 한 마리는 죽어서
향연이 되었고

남은 한 마리는

두 손으로 꾹꾹 눌러 담은 죄짐을 지고
무인지경無人之境까지 끌려갔다

지고 가라!
지고 가라!
돌멩이를 던지며 죄인들이 소리를 질러댔다

죄는 사람이 짓고
죄업은 짐승이 받다니!
무고한 피를 흘리는
인민재판

어둠이 내리고 있었다
이방인 유대인의 손에 이끌려
터벅, 터벅, 터벅……
아득한 세상 끝에 이르자

사람은 돌아가고
염소는 이내 어둠 속으로 사라졌다.

레위기 16:10

아사셀을 위하여 제비 뽑은 염소는 산 채로 여호와 앞에 두었다가 그것으로 속죄하고 아사셀을 위하여 광야로 보낼지니라

시작 노트

   올 여름은 유난스러운 더위다. 글을 쓰는 내내 더위와 씨름을 했다.
   레위기, 민수기, 신명기 성경과 주석을 펼쳐 놓고 다시 읽었다.
   마치 베뢰아 사람들처럼 이것이 그것인가 하여 읽고 상고하는 중에 받은 바 은혜가 크다.
   최선을 다해도 느끼는 부족함!
   그것이 늘 미완의 숙제로 남는다.

박남희

***

| 약력 |

고양시 원당교회 집사. 1956년 경기 고양 출생. 1996년 〈경인일보〉, 1997년 〈서울신문〉 신춘문예 시 당선. 시집 《폐차장 근처》 외 2권. 평론집 《존재와 거울의 시학》.

곤坤

구약성서 레위기를 보면
여성이 유출병, 즉 하혈을 하면 부정한 자로 취급되고
자기의 살붙이의 하체를 범하면 죄인으로 낙인이 찍히는데
공교롭게도 모두 아래 하下 자가 붙어 있는 것이 신기했다

동양에서는 남자가 하늘乾이라면 여자는 땅坤인데
이것이 우주의 원리라면 하늘 아래 땅인 여자의
아래가 중요하다는 것은 너무나 당연한 것이어서
문득 아래 하下 자를 여성의 제유로 읽고 싶어진다

물은 흘러흘러 바다로 가면서 깊어진다
자연의 아래가 깊은 곳이듯
여성도 깊은 곳이다
얕은 곳에서 출렁이던 물도 깊은 곳에 이르면
잠잠해진다

소리가 없다고
깊은 곳에 움직임이 없는 것은 아니다
우리가 사는 세상은 위보다는 아래가 시끄럽지만

그 시끄러움을 다스릴 손은 보이지 않는다

아래가 맑고 깨끗해야 하늘이 잘 보이는데
아직 정결의 형이하학은 이 땅의 필수 과목이 아니다
이 땅은 끊임없이 하혈을 하고, 아래는 늘 시끄럽다

여기저기 퀴어 축제가 한창이다

레위기 15:2
누구든지 그의 몸에 유출병이 있으면 그 유출병으로 말미암아 부정한 자라

레위기 18:6
각 사람은 자기의 살붙이를 가까이 하여 그의 하체를 범하지 말라 나는 여호와이니라

그 땅

일찍이 여호와가
출애굽한 이스라엘 백성에게 예비하신
'그 땅'은 젖과 꿀이 흐르는
아름다운 땅이었다

하지만 이스라엘 백성은
'그 땅'에 이르기도 전에
여호와를 원망하고
애굽으로 돌아가기를 간청했다

'그 땅'과 '애굽' 사이에
방황하는 백성이 있었다

요즘도 방황은 늘 '사이'에 있다
방황은 '그 땅'의 그림자처럼 따라다니고
그림자는
빛의 숨소리 속에 숨어 웅성거리고 있다

요즘 사람들은 '그 땅'을

젖과 꿀이 흐르는 땅이 아니라
금싸라기 땅이라고 바꿔 부른다

요즘도 '그 땅'은
정탐꾼들을 찾아 전국을 누비고 있다

여기저기 가나안 부동산이 성업 중이다

민수기 14:8
여호와께서 우리를 기뻐하시면 우리를 그 땅으로 인도하여 들이시고
그 땅을 우리에게 주시리라 이는 과연 젖과 꿀이 흐르는 땅이니라

땅이 입을 열어

구약 시대의 땅은 입을 열어
신을 거역하는 이스라엘 백성을 삼켰지만
요즘의 땅이 입을 연다면 무엇을 할까?

요즘은 옛날의 '스올'을
'크레바스'나 '싱크홀'이라고 부르기도 하는데
매일매일 거대한 사람들을 먹는 지하철도
'스올'의 일종일까?

지하철을 가끔 지옥철이라고 부르는 이유를
새삼 알 것 같다 사람들은 지하철이
무덤으로 달려가는 열차인 줄도 모르고
천연스레 타고 내린다

지하철이 '땅의 입'이라면
인간은 '땅의 언어'쯤 될까?

수시로 말을 삼키고 뱉는 '땅의 입'은
오늘도 성업 중이다

하지만 땅의 입이 뱉고 삼키는 말은
방언 같아서
쉽게 해독되지 않는다

이 땅의 말은 점점 더 난해해지고 있다

민수기 16:30
만일 여호와께서 새 일을 행하사 땅이 입을 열어 이 사람들과 그들의
모든 소유물을 삼켜 산 채로 스올에 빠지게 하시면 이 사람들이 과연
여호와를 멸시한 것인 줄을 너희가 알리라

하늘과 땅을 불러

창세기를 보면
신이 말씀으로 천지를 창조하셨다는 내용이 나온다
여기서의 천지는 단순히 하늘과 땅이 아니라
온 우주를 가리키는 말이다

그런데 신명기에 오면 모세가
하늘과 땅을 불러 이스라엘 백성에게
증거를 삼는다는 내용이 나온다
이를 창세기식으로 읽으면
온 우주 만물을 불러 증거를 삼는 것이다

생각해 보면 우주 만물처럼
신을 확실히 증거하는 것은 없다

우리나라 태극기도 건곤감리乾坤坎離
우주의 원리를 바탕으로 제작되었다
이미 하나님의 흔적이 그 속에 있다

나는 시를 쓸 때면 종종

내 시 속으로 하늘과 땅을 부른다
신이 만드신 가장 확실한 창조의 품목들을
내 시의 재료로 사용한다

그러므로 내 시는 내 것이 아니다
내가 시인인 것은
이런 사실을 시인할 수밖에 없기 때문이다

신명기 30:19
내가 오늘 하늘과 땅을 불러 너희에게 증거를 삼노라

비처럼 이슬처럼

모세는 가나안 땅에 들어가기 전
여호와의 말씀을 거역하는 이스라엘 백성에게
아름다운 노랫말을 들려주었다

"내 교훈은 비처럼 내리고
내 말은 이슬처럼 맺히나니
연한 풀 위의 가는 비 같고
채소 위의 단비 같도다"

모세는 이 노래로 여호와의 분깃이
이스라엘 백성임을 널리 선포하였다

끝없이 신을 거역하는 이스라엘 백성에게
불같이 화를 내지 않고
저렇듯 아름다운 노랫말로 시를 지어 부른
모세의 모습을 보면
인간의 이성으로는 도저히 이해할 수 없는
새로운 창조의 길이 떠오른다

자신의 죄로 죽을 수밖에 없는
죄인들에게 불같이 화를 내는 대신
스스로 고통의 십자가를 짊어지고 가신 이의
희생과 사랑, 그 창조의 길을 본다

지금도 비처럼 이슬처럼 우리에게 퍼부어지는
그 알 수 없는 놀라운 사랑을 본다

신명기 32:2
내 교훈은 비처럼 내리고 내 말은 이슬처럼 맺히나니 연한 풀 위의
가는 비 같고 채소 위의 단비 같도다

시작 노트

　성경을 읽고 시를 구상하는 일은 우리의 일상적 체험을 바탕으로 시를 쓰는 일보다 어렵다. 나는 기독인으로서 신앙시를 쓰는 일에 부채 의식을 가지고 있으면서도 단순한 기도문이나 신앙 고백문과는 다른, 새로운 신앙시의 지평을 열어가야 한다는 의무감을 동시에 느낀다. 성경을 읽다 보면 성경 밖의 소재로는 도저히 쓸 수 없는 시적 소재를 발견하게 된다. 이러한 소재들이야말로 하나님을 믿는 시인들에게 주시는 하나님의 선물이라는 생각이 든다. 이번에 레위기, 민수기, 신명기를 읽으면서 성경적 소재들이 동양적 사유와도 서로 통하는 측면이 있다는 것을 알았다. 이번에 쓴 시들에는 그런 탐색의 흔적이 들어 있다. 시를 쓸 때마다 하나님께서 온 우주에 편만해 계시다는 것을 느낀다.

손진은

***

| 약력 |

대구 영동교회 장로. 1987년 〈동아일보〉 신춘문예에 시, 1995년 〈매일신문〉 신춘문예에 문학평론 당선으로 등단. 시집 《두 힘이 숲을 설레게 한다》, 《눈먼 새를 다른 세상으로 풀어놓다》, 《고요 이야기》. 이론서 《시창작교육론》 외 7권.

무

평화시장 입구
한쪽 눈동자가 살짝 비뚠
채소 노점 최 집사
매끈한 건 아니라도 속을 일 없는 이 길 가게
단골인데, 최 집사 널푼한 인정에
단골인데, 한 번씩 물뿌리개에서 흩뿌려지는
물이 무청이며 배추
시들어 가는 시장 인심까지를
팔딱팔딱 살려 놓는,
대학원에 다니는 소아마비 아들과
단둘이 산다는 오십대 홀아비
최 집사에겐 비밀이 하나 있지
마지막 무 몇 뿌린 누가 뭐래도 팔지 않는 비밀
산책 나와 먼발치서 그걸 훔쳐보았지
경련 일으키는 형광 불빛 아래서
행려병자 할머니에게 무 건네는 손
환하고 부드러운 자태로
할머니 떠돈 십 년 세월까지도 흔들어대는 것을
고맙다는 건지 그 할머니 무언가 웅얼거릴 때

평화, 평화라고 물결치는 밤
머릿속 자꾸 피어나는 따순 꽃들

레위기 19:10
네 포도원의 열매를 다 따지 말며 …… 가난한 사람과 거류민을 위하여 버려두라

손

꾸역꾸역 말을 받아먹던 손이
빈 요구르트 병을 구겨 버린다
눈이 없는 손끝에도 매달린
욕망이며 탐욕
먼지처럼 가라앉지 못하고
벌레처럼 스멀거리며 기어 나와
요구르트 병 같은 걸 형편없이 구기게 한다
더 센 것에 부딪힐 때 손톱의 에나멜은
약한 재질 꺾어 버리고 싶은 걸까
요구르트 병을 분지른 손톱은 유리병을
어떻게 하려고 하지 못한다
그 손은 보이지 않는 손의 전화를
연신 고갤 꾸벅이며 받는 손
허나 막다른 골목에서는
병을 깨어 그어 대는 손
문득 그 손을 꺾고 싶다는 생각을 했을 때
손 주변에 고이는 울음소리
손을 꺾고 싶다
그러자 이번엔 그 손을 잡고 있는 또 하나의 손을 나는 본다

출애굽기 7:3
내가 바로의 마음을 완악하게 하고

다섯 살짜리, 하나님

주말 오후
느닷없이 마음의 등불이 꺼진
부부 싸움, 사이엔
다섯 살 아들
부모의 얼굴에서 새어 나오는
섬세한 진동을
악보처럼 옮기다
알아들을 수 없는 말 조각들
방바닥이며 천장으로 굴려 보내다
이쪽저쪽으로 조그만 얼굴 비비다
창문으로 들어오는
회초리 같은 햇살에 종아릴 맞는,
두 사람 몸에서 일렁이는 추위에 물들어
꾸벅꾸벅 조는
마침내 아랫목에서 배를 깔고 코를 고는
다섯 살짜리
하나님!

레위기 24:4
여호와 앞에서 순결한 등잔대 위의 등잔들을 항상 정리할지니라

노래

얼마 안 되는 교인 탓에
갓 돌 지난 아들 할머니께 맡기고
성가대로 나선 2년 차 베트남 새댁 흐엉
할머니 품에서
제 엄말 알아본 고 어린것이
설렘과 아쉬움 반쯤씩 버무려진 눈망울 보낼 때
그녀, 환하게 핀 눈 안쪽에서
긴 팔 보내 제 아일 껴안고
그때마다 두 표정을 겸상인 양 받은
성도들 얼굴에 일렁이는
저 저 저 안복眼福으로 들썩이는 공기들
노래, 그 새부리 같은 입술이
눈썹같이 연한 길 물어다 쌓을 때
고걸 베 먹으며 까닥이는 아기 발가락
지난해 산재로 남편 잃고
시어머니와 유복자 키우며 감나무 농사짓는
스물여섯 새댁 흐엉,
노래는 끝났지만
아비 얼굴도 모르는 아들 영식이

잠든 몸에서 엄마 품으로 달려가는 마음 몇 소절도 숨결
로 떠서
막무가내
성도들 귓가 목덜미께로 뜨거운 것들 피워 올리는
저 수런대는
고요의 포기들

신명기 10:18
과부를 위하여 정의를 행하시며

시작 노트

언젠가 잘 알려진 축구 해설 위원의 인터뷰를 본 적이 있다. 세 사람이 있을 때, 하나님은 가끔 세 사람에게 빵을 각각 한 개씩 나눠 주시지 않고, 한 사람에게만 빵을 세 개 주신단다. 그건 세 개 빵을 가진 이가 두 개를 이웃에게 나눠 주라는 테스트라는 것이다.

하나님은 가난하고 소외된 분들의 마음을 헤아리시는 분이다. 레위기, 민수기, 신명기를 읽으면서 가장 마음 밑바닥에 남는 것이 이웃들이었다. 그러기에 유독 주변의 다문화 가정, 과부, 홀아비들에게 눈길이 많이 가는 시편들이 나왔다.

양왕용

***

| 약력 |

1966년 월간 〈시문학〉(김춘수 추천) 등단. 1986년 대한예수교장로회 부산남노회 장로 장립. 현재 부산수영로교회 출석. 시집 《천사의 도시, 그리고 눈의 나라》 외 8권. 연구 논저 《한국 현대시와 기독교세계관》 외 8권. 한국크리스천문학상(시 부문), 한국예총 예술문화대상(문학 부문) 등 다수 수상. 부산대학교 사범대학 국어교육과 교수, 한국크리스천문협 회장 역임. 현재 부산대학교 명예교수, 한국문인협회 부이사장.

까치밥, 그리고 남긴 포도

감나무 이파리 다 떨어진 늦가을만 되면
가지 끝에 남아 있던 몇 알의 감 바라보시며
철없는 손자 질문에
'까치밥'이라고 답하신 할아버지 생각난다.
우리나라 사람들은 할아버지 말씀처럼
까치에게도 밥을 남겼는데
나그네와 고아와 과부 위하여 곡식과 포도 남기라는
당신의 말씀은
왜 수천 년 지난 뒤에야 깨닫게 되었을까?
그동안 이웃 나라 눈치만 보다가
끝내는 우리나라 땅에서 그 나라들 전쟁 치르고
우리나라는 숨통까지 40년 동안 끊겼다가
바다 건너 먼 나라 덕택에 다시 숨 쉬고는
당신께서 홍해 가르시며 구해 내신
그 나라처럼 남북으로 갈라진 지도
70년이 넘었는데
아직도 당신의 남겨 두라는 말씀
뜻으로만 깨닫고 행함이 없는 무리 많나니.
까치밥 남긴 할아버지의 뜻도 잊은 채

지나간 일들만 들추어 정죄하고 있나니.
그러나
당신의 말씀 그대로 행하며 기도하는
열 사람보다는 훨씬 많은 사람들
기도 들어주심으로
마음 놓고 편안하게 숨 쉴 날 곧 오리라
확신하며 기도하고 또 기도하나니.

레위기 19:9-10
너희가 너희의 땅에서 곡식을 거둘 때에 너는 밭모퉁이까지 다 거두지 말고 네 떨어진 이삭도 줍지 말며 네 포도원의 열매를 다 따지 말며 네 포도원에 떨어진 열매도 줍지 말고 가난한 사람과 거류민을 위하여 버려두라 나는 너희의 하나님 여호와이니라

신명기 24:21
네가 네 포도원의 포도를 딴 후에 그 남은 것을 다시 따지 말고 객과 고아와 과부를 위하여 남겨 두라

갈렙과 여호수아

가나안 땅 정탐꾼 열두 사람 가운데
오직 갈렙과 여호수아 둘만 옷 찢으며
여호와만 믿고 나아가자 했을 때
온 백성들 이 두 사람 돌로 치고
애굽으로 돌아가자고 한 그 일로
나중에 어떻게 될지 몰랐을까?
그들의 광야 생활에서
수많은 여호와의 역사하심은 곧잘 잊고
하찮은 고통 올 때마다
원망하고 배반한 결과 어떠할지
그때에는 정말 몰랐을까?
너희에게 살게 한 땅에 두 사람 말고는
결단코 들어가지 못한다는
당신의 말씀 듣고
땅을 치며 통곡할 줄 정말로 몰랐을까?
광야 40년 같은 우리의 일상에도
먼 훗날 땅을 치며 통곡할 일
정말로 없었을까?
갈렙과 여호수아처럼 옷을 찢으며

회개의 기도 미리 하면
용서해 주실 일 정말로 없었을까?

민수기 14:30
여분네의 아들 갈렙과 눈의 아들 여호수아 외에는 내가 맹세하여
너희에게 살게 하리라 한 땅에 결단코 들어가지 못하리라

므리바 물

모세가 그의 지팡이로 반석을 두 번 쳐
솟아난 그 물로
모세와 아론을 몰아세우던 이스라엘 사람들과
그들의 짐승까지 먹였으니
수없이 배반한 광야 40년의 무리를 구해 주시는
여호와의 은혜의 물이거니
그러나 정작
므리바 물 즉 다툼의 물이라 명명하였으니
이는 어떤 까닭일까?
가데스 바네아에서의 이 다툼은
모세를 분노하게 하고
혈기로 반석을 쳤으며
백성들의 수많은 배반과 다툼으로 말미암아
모세는
그가 가기를 염원한 가나안 땅을
모압 평지에서 느보산에 올라가
바라보기만 했으니
다툼이 얼마나 큰 죄인지를
두고두고 되새기기 위함은 아닐까?

오늘날도 믿는 사람끼리 서로 옳다고
다툼 많으니
이를 크게 나무라고 있음 아닐까?

민수기 20:13
이스라엘 자손이 여호와와 다투었으므로 이를 므리바 물이라 하니라
여호와께서 그들 중에서 그 거룩함을 나타내셨더라

좌로나 우로나 치우치지 아니하고

우리는 혹시 이렇게 기도하지 않는가?
우리 자녀들
머리가 되고 꼬리가 되지 않게 해 주시라고
그러기 위해 좋은 대학 가게 해 주시라고
그동안에는 주일 성수하지 않아도 용서해 주시라고
그러나 주님께서 하신
머리는 주님 명령 듣고 지키며
나 외에 다른 신 섬기지 아니해야 된다는
말씀은 잊은 채
우리의 기도 속에 맘몬이라는 다른 신이 있음은
깨닫지 못한 채
우리는 혹시 이렇게 기도하지 않는가?
우리 자녀들
주일 성수 꼭 하고
주님의 말씀 떠나 좌로나 우로나 치우치지 아니하고
이 땅에 당신의 말씀과 공의가
강물처럼 흐르게 하는 마중물이 되게 해 주시라고
우리는 이렇게 기도해야 되지 않겠는가?
그런 기도 듣고 자란 자녀들

머리가 되고 위에만 있게 될지니
그들로 인하여
우리나라 좌로나 우로나 치우치지 아니하고
남북이 하나 되어 하나님 말씀과 공의가
강물처럼 흐르고 흐르게 될지니.

신명기 28:13-14
여호와께서 너를 머리가 되고 꼬리가 되지 않게 하시며 위에만 있고 아래에 있지 않게 하시리니 오직 너는 내가 오늘 네게 명령하는 네 하나님 여호와의 명령을 듣고 지켜 행하며 내가 오늘 너희에게 명령하는 그 말씀을 떠나 좌로나 우로나 치우치지 아니하고 다른 신을 따라 섬기지 아니하면 이와 같으리라

양왕용

모세의 노래를 가져와

당신은 반석이시고 당신이 하신 일은 완전하십니다.
우리 민족의 분단 73년의 역사도 당신께서 주장하십니다.
사람의 눈에는 잘못되고 지금이 위기로 보이나
당신의 뜻은 그렇지 않습니다.
분단의 장벽은 도적같이 무너질 것입니다.
당신은 정의롭고 진실하고 거짓이 없습니다.
결코 정의롭지 않고 진실하지 않으며
당신을 구주로 믿는 백성들에게
당신을 부인하지 않는다는 명목으로 가두고 죽이는
어둠의 권세를 곧 물리치실 것입니다.
그 권세를 옹호하는 세력들도 하루아침에
아침 이슬처럼 덧없이 사라질 것입니다.
이미 베를린 장벽의 무너짐에서
당신의 역사하심을 보았습니다.
당신은 공의로우시며 바르십니다.
당신을 구주로 고백하지 않는 백성들도 사랑하시는
당신께서는
자기 가족들과 혈통만 위하는 잘못된 권세는
결코 용납하지 않을 것입니다.

당신께 기도하고 있는 많은 사람들의 기도를
당신께서는 언젠가는 홀연히 들어주실 것입니다.

신명기 32:4
그는 반석이시니 그가 하신 일이 완전하고 그의 모든 길이 정의롭고
진실하고 거짓이 없으신 하나님이시니 공의로우시고 바르시도다

시작 노트

    모세 5경 가운데 레위기, 민수기, 신명기는 모세가 이스라엘 민족을 이끌고 홍해를 건너 시나이반도에서 40년 동안 방랑한 순례기이다. 이 순례기를 단순한 이스라엘 민족의 역사로만 보고 싶지 않았다.

    일제 강점기를 을사늑약(1905년)부터 시작되었다고 보면, 그 치욕의 역사는 1945년 광복까지 40년이 넘는다. 이스라엘 민족 40년 순례의 역사 속에서 대한민국의 광복 이후의 역사와 김정은의 핵 집착으로 인한 위기를 하나님께서 해소시켜 주실 것이라는 믿음을 확신하면서 이 시를 창작하였다. 그리고 내 자신을 포함하여 문득문득 맘몬주의에 빠져 세속화의 길을 걷고 있는 크리스천들과 갈등과 다툼을 일삼고 있는 기독교계 지도자들에 대하여 회개의 기도를 드리고 갈등을 극복하는 방안을 말씀 속에서 찾아야 된다는 심정으로 이 다섯 편의 시를 독자들에게 보인다.

이향아

***

| 약력 |

신반포교회 명예권사. 1963-1966년 〈현대문학〉 3회 추천을 받아 등단한 후 시집 《나무는 숲이 되고 싶다》, 《온유에게》 등 21권을 펴냈다. 한국문학상, 윤동주문학상, 시문학상, 미당시맥상, 창조문예문학상, 아시아기독교문학상 등을 수상. 현재 '동북아기독교작가회'와 '기픈시문학회'의 회장으로 활동. 호남대학교 국문학과 명예교수.

미리암의 광야

이스라엘 백성들이 군병처럼
모래바람 속을 헤치며 걷고 있을 때
걸어도, 걸어도 아득한 약속의 땅으로 가고 있을 때
끝 모를 미로와 미궁 속에서 사막의 풀처럼 시들고 지쳤을 때
모세의 누님, 아론의 누님, 미리암이 죽었다,
광야는 미리암이 묻힌 땅

갓난 동생 모세가 갈대 상자에 담기는 걸 보았고
나일강에 띄워 놓은 갈대 상자가
물결 위로 흘러갈 때 멀리서 따라갔고
애굽의 공주가 상자를 열 때 숨어서 지켜봤던 미리암
숨 막히게, 떨며, 울먹이며 그러나 담대하게 나아가
마땅한 유모를 알고 있노라, 내가 가서 데려올 수 있노라
동생 모세를 사랑했던 누님 미리암이 문둥병에 걸렸다,
예언자 미리암, 선지자 미리암
나팔을 들고 하나님의 기적을 찬양하던 미리암
승리의 노래로 춤을 추며 홍해를 건넜던 미리암이
문둥병에 걸렸다, 모세를 비방하고 시샘한 죄로

미리암이 조용히 광야에 묻히었다
그래도 우리들이여, 애곡해야 하지 않겠는가
먹지도 말고 자지도 말고 함께 서서 죽을 듯이
통곡해야 마땅하지 않겠는가, 우리들이여
미리암은 죽어서 광야에 묻히었다.
문둥병도 죽어서 광야에 묻히었다
사람의 끝, 사람의 벽이여
욕심이며 원망도 함께 묻혔다
광야는, 미리암의 땅
그는 죽어서 광야가 되었다

민수기 20:1
미리암이 거기서 죽으매 거기에 장사되니라

모세의 광야

하나님, 당신 앞에 무슨 죄를 지었는지
모세의 잘못을 모세가 압니다
너는 갈 수 없노라,
엄정하신 판단은 천만번 지당함을 압니다
그 말씀을 믿으며, 원망하지 않고 순종할 것이며,
회개할 것이며, 애통할 것입니다
그 사람 크기만큼 기대하시고,
가까우면 가까운 만큼 섭섭하신 하나님
모세를 모세만큼 기대했던 하나님을
물론입니다
사랑하고 있습니다

패역한 너희들을 위해 이 반석에서 물을 내랴?
바위를 두드려서 물줄기는 솟았지만
사람의 분노가 영광을 덮은 건 잘못이었음을
모세는 알고말고요
40년 유랑 끝 바로 저 땅은
걸어온 세월의 그림자처럼 펼쳐 있습니다
모세는 백스무 살, 할 일을 다 마치고

사해 동쪽 모압 땅 느보산 고지에서
광야 너머 가나안을 바라보고 있습니다
백성들을 편안하게 바라보고 있습니다
그곳을 바라보는 모세의 눈은
멀리서 하얗게
멀리서 푸르게
멀리서 붉게 빛나고 있습니다

신명기 34:5
이에 여호와의 종 모세가 여호와의 말씀대로 모압 땅에서 죽어

광야로 가자

광야는 이스라엘을 길러 낸 학교,
40년의 광야가 가르치었다
죽지 않을 만큼의 만나로
배고픔이 무엇인가를 알게 하고,
죽지 않을 만큼의 마실 물로
목마름이 무엇인가를 알게 하였다
여호와의 엄정한 커리큘럼은 특수 학교 우등반의 실력을 높여
바람에 귀가 먹는 극기의 교실
견뎌서 축적하는 힘의 수련장이었다

자식의 입에서 말만 떨어졌다 하면 집을 팔아서라도
해결해 주는 엉터리 학교에 자퇴서를 내고, 광야로 가자
학생들은 갈수록 약해지고 어리석어지고 집안이 기울고 망하게 생겼다, 광야로 가자
학교들은 문을 닫고 가르친 것도 없어 그 자리에 주저앉아 죽게 되었다, 광야로 가자
끝이 보이지 않는, 돌산에 모래 먼지가 휘모는 광야
거기 가서 엉겅퀴처럼 드세어지자,

거기 가서 선인장 가시처럼 무장을 하자, 광야로 가자
이제 우리도 광야 학교로 가자
누가 지팡이를 잡을 것인가?
지팡이를 쥐고 앞장설 것인가?
우선 집을 나섰는가, 광야로 가자

신명기 8:5-6
너는 사람이 그 아들을 징계함같이 네 하나님 여호와께서 너를 징계하시는 줄 마음에 생각하고 네 하나님 여호와의 명령을 지켜 그의 길을 따라가며 그를 경외할지니라

랍비 모세

모세여, 당신은 나의 랍비
바다를 가르고 앞장서서 지휘하던 랍비
그 넓은 품을 너그러움으로 채우고 온유로 옷을 두른 사람
마른땅에 꿇어 엎드려 피눈물을 흘린 사람
늦었지만 이제 알았습니다
짐을 꾸리라 하면 꾸리고 머물라 하면 머물겠습니다

모세여, 당신은 나의 랍비
왜 파종할 땅도 무화과도 마실 물도 없는 곳에서
왜 우리를 죽게 하느냐고 대들던 무리 가운데 나도 끼어 있습니다
원수의 종노릇이 차라리 좋았을걸,
차라리 애굽에 앉아 없어졌으면 좋았을걸
배고프면 원망하고 목만 말라도 돌을 던진 무리 중에 나도 끼어 있습니다
한 발자국도 스스로 내딛지 못하면서
당신이 성심과 간구로 이룬 기적만을 탐하면서
산같이 불같이 대들던 사람 중에, 패역한 그들 중에 나도 끼어 있습니다

이런 내가 어찌 감히 랍비를 청하리까
그래도 알 것은 압니다
당신의 크기, 당신의 깊이, 당신의 겸허, 당신의 순종
부디 용서하소서, 허락하소서
모세여, 랍비여, 땅 위에서 아름다운 한 사람이여!
나는 당신의 무엇이리까
당신은 나의 랍비지만,
나는 당신의 불쌍한 짐승일 뿐입니다
나는 당신의 부끄러운 상처일 뿐입니다

민수기 12:7-8
내 종 모세와는 그렇지 아니하니 그는 내 온 집에 충성함이라 그와는 내가 대면하여 명백히 말하고 은밀한 말로 하지 아니하며 그는 또 여호와의 형상을 보거늘 너희가 어찌하여 내 종 모세 비방하기를 두려워하지 아니하느냐

구명복과 안전벨트

구명복은 좌석 밑에 있습니다
우리는 제 목숨을 깔고 앉았구나
백성들은 모두 못 들은 척하였다
금방 죽음이 코앞에 닥칠지라도
당달봉사처럼 귀머거리처럼
목숨은 끝끝내 구걸하지 않으리
온 바다에 명주 이불 깔아 놓고서
태평하게 마지막을 기다리고 있다
흐느끼다 춤을 추다 출렁거릴 때도
바다가 어디냐고 두리번거리면서
쉬었다가 떠나라고 손짓하는데도
눈감고 아늑하게 사무치려나 보다

안전벨트를 매십시오
오늘은 하늘에 초막을 지었으니
거룩한 저녁과 장엄한 아침
이코노믹 창밖으로 바다에 잠겨
에메랄드 물빛은 어디까지인가
분홍의 물고기들 무희처럼 가벼워

산호초 머리카락 흩트리고 있겠지
소라 고동 나팔 불며 나아가는 길
광야 40년 가나안은 아직 멀고
안전벨트 매라고 당부하는 소리
내 주인이 함께 계셔 끄떡없는데도
사방에서 목숨을 상관하는 소리

레위기 23:42-43
너희는 이레 동안 초막에 거주하되 이스라엘에서 난 자는 다 초막에 거주할지니 이는 내가 이스라엘 자손을 애굽 땅에서 인도하여 내던 때에 초막에 거주하게 한 줄을 너희 대대로 알게 함이니라 나는 너희의 하나님 여호와이니라

이향아

시작 노트

아름다운 형식

"형식은 중요하지 않아. 마음이 중요하지"라 말하곤 했습니다. 그러나 중요한 그 마음을 어떻게 나타내려는가 물으면 말이 막혔습니다. 마음이 지극하면 형식을 갖추어 나타나게 됩니다. 형식은 차오르는 마음을 담아낼 그릇, 아름다움은 형식에 담기지요. 형식을 반복하다 보면 내용도 더 탄탄해질 것입니다.

가축 중에서 흠 없는 양이나 흠 없는 소, 수컷으로 고르겠습니다.
잡은 피는 회막문 제단 주변 사방에 뿌리겠습니다.
번제물의 가죽을 벗겨서 각을 뜰 것이며 제단에 불을 붙인 나무 위에 올려놓겠습니다.
내장과 정강이도 깨끗하게 씻어 제단의 불 위에 사르겠습니다. 오셔서 향기를 흠향하소서.
머리 감아 정하게 빗고 속옷부터 겉옷까지 말끔하게 갈아입겠습니다.
겉옷은 빛깔이 고운 비단옷으로 골라 입겠습니다.
뽀독뽀독 소리가 나게 위아랫방, 대청마루 부엌의 먼지를 쓸어내고 훔치고 닦겠습니다.
우는 아이는 업어서 그치게 하고 떠드는 아이도 입을 다물리고 거친 소리는 얼씬도 못하게 하겠습니다. 정숙한 집안에 그릇 부딪는 소리도 음악처럼 나게 하겠습니다.

   당신이 명령하신 대로 격식에 맞게 보암직하고 먹음직한 성찬을 장만하겠습니다. 당신이 어떤 분이신데 제가 감히 번거로움을 탓하겠습니까.

정재영

***

| 약력 |

원남교회 장로. 1998년 〈조선문학〉, 2005년 〈현대시〉로 등단. 한국기독시문학학술원 원장. 한국기독시인협회 회장 역임. 조선시문학상, 기독시문학상, 장로문학상, 총신문학상, 중앙대문학상, 현대시회시인상 수상.

먼저 가신 길

아직 갈 길은 멀리 남고
비는 나뭇가지를 가로막이 삼아 내리는데
해도 달도 보이지 않는 곳에서 동서를 잃었다

지금처럼 빛이 있어도
초점이 뭉개져 사물이 어둠 속에 잡혀 있는 날

눈 감으면
당신은 푸른 하늘 구름보다 선명하게 계시고
눈을 뜨면
당신은 가슴속에 등불로 계셨다

끝 지점을 알지 못하는 길을
돌아서 돌아서 혼자 가던 낭인은
북극성 성좌가 사라진 곳에서
앞서가신 당신 붉은 발자국은
이정표 없는 길가의
하나뿐인 단색 신호등이다

당신은 언제나 앞서가시고
나는 항상 해찰을 하느라
보이지 않을 때가 되어서야
등만 희미하게 보이는 당신을 잡으려
허우적거리며 쫓아갔다

신명기 1:33
그는 너희보다 먼저 그 길을 가시며 장막 칠 곳을 찾으시고 밤에는
불로, 낮에는 구름으로 너희가 갈 길을 지시하신 자이시니라

그리운 소원

하늘보다 더 멀리 떨어진
이름 없는 곳에 당신은 계시고
나는 땅속 깊은 곳에 갇혀 있어
곁에 있을 생각으로 그림을 긋다가
모든 흔적은 그리움이 되었다

하늘은 푸르고 맑고
어둠은 검은 땅속에 묻혀
가까이 다가가서는 안 될
맑고 더러움의 거리만큼

속으로 속으로
드러나지 않게 마음을 묻어 두어도
영원히 이글거리는 태양의 흑점인가
땅속 깊은 곳에 용암으로
어둠에도 식지 않는 뜨거운 마음을 숨겨 두었다

푸르고 푸르러
맑게 빛나는 날

오가도 아니하는 손바닥 쪽구름만 바라보는데
속에서 비치는 빛에 눈이 시린 당신은
지금 어디 계실까

민수기 6:26
여호와는 그 얼굴을 네게로 향하여 드사 평강 주시기를 원하노라
할지니라

첫사랑의 화석

빛과 소리는 어둠의 어머니
구름은 하늘과 땅을 비켜 가고
강은 산을 피해 바다로 흘러가건만

사랑은 첫날부터
한곳에 머물러 있네

철 따라 오고 가서
운명을 철새라 하나
사랑의 서약은
천년의 풍화로도 지우지 못하는
고집 센 돌비로 새겨져 있네

우리가 처음 만난 날
서로 주고받아 새겨둔 명령

말 그대로
다짐 그대로
사랑은 죽어서도 화석을 만들어

죽어서 그대로 있길 원하네

민수기 1:54
이스라엘 자손이 그대로 행하되 여호와께서 모세에게 명령하신 대로
행하였더라

가루가 되어

사랑은 가루가 되는 일
뼈도 살도 없이 기름 붓고 유향을 놓은
고운 마음 가루로 바치는 일

당신은 나를
부서져 가루 된 몸으로 사랑하였으나
나는 여전히 통뼈로 굳어 있는 마음

세상살이 떡메로 부수지 못한 고집을
고운 가루로 부수기 위해
사랑의 가마 불로 태우나 보다

몸은 가루 되고
뼈는 기름을 짜고
눈물은 정화시킨 향수의 눈물이 되는 날

처음마저 굳은 마음을
부수고 부수어
고운 마음 가루를 바치려 하네

레위기 2:1

누구든지 소제의 예물을 여호와께 드리려거든 고운 가루로 예물을 삼아 그 위에 기름을 붓고 또 그 위에 유향을 놓아

소리 없는 음성

누가 먼저 말했을까
말 아닌 눈빛에 감긴 소리를
나는 보았네

당신은 내 망막에
조각 돌비를 보여 주시고
나는 그것을 고막 울림으로 읽었네

처음 눈이 마주쳤던 그날 그 순간
조용히 속삭이는 우레의 말은
번개보다 빨리 가슴 깊이 박혔네

당신은 눈으로 말하고
나는 침묵으로 바라볼 뿐
빛보다 빠른 소리도 있었구나

처음부터 지금까지
당신은 말씀하시고
나는 시린 눈으로

큰 소리를 바라보고 있네

레위기 1:1
여호와께서 회막에서 모세를 부르시고 그에게 말씀하여 이르시되

시작 노트

이런 지독한 사랑의 이야기를 본 일이 있는가.

그 이야기가 현재라는 지금의 나를 위해 작성해 두었다는 놀라움, 이 간절한 연서戀書를 읽을 때마다 천년이 하루라는 말을 이해하게 된다.

사랑에 빠지면 누구나 시인이 되게 마련이지. 더군다나 내 이야기이니까 더욱 절절하지 않겠는가. 드러냄이 미치지 못할 뿐이어서 안타깝다.

조정

***

| 약력 |

일산 은혜교회 집사. 2000년 〈한국일보〉 신춘문예 시 부문 등단. 2011년 거창평화인권문학상 수상. 2007년 시집 《이발소 그림처럼》, 2013년 공저 《그대, 강정》.

필사 1

피 흘린 자의 이름이 사서에 남는다

큰 강에서는 태양에 익은 갈대가 베어지고 손칼들이 갈대 줄기를 가르고 망치 소리들이 강의 수면을 흔들며 갈대 편片을 두드렸다
기자는 갈대 종이에 내 이름을 적었다

― 단의 자손 디브리의 딸 슬로밋*이 애굽 사내와 혼인해 낳은 아들이 히브리 아이들과 싸우다가 여호와를 저주해 돌로 쳐 죽였다

슬로밋, 네 아들은 광야의 마른 먼지 같은 자
슬로밋, 네 아들은 내어 주기로 정한 자
슬로밋, 애통하는 자는 복이 있나니
억울함도 정당방위도 고려되지 않는 죄의 본이 되어 죽은 아들 어미는
평화가 충만한 강이라고 이름 지어진 벌을 받아
복이 있나니

광야에 핀 아네모네 꽃빛은
홍해를 건너온 사람들이 아이의 머리에 손 얹고 돌아서서 던진 돌의 무게
피 냄새를 마시며 날아가는 붉은 너울

갈 데 없는 내 이름이 또박또박 적힌
여호와의 파일 명은
레위기 슬하 '처참'이었다

* 슬로밋 : '평화로 충만한 자'라는 의미를 가진 히브리 이름

필사 2

가슴 편편한 파피루스에
삼각형 너비를 구하는
애굽의 수학 공식이 적혀 있었지

히브리인은 출애굽 하며 새 파피루스 더미를 수레에 실었지

여호와를 저주한 사람이 웅크린 자리
돌 던지는 사람이 선 자리
돌이 사선으로 날아가는 거리

피 고인 삼각형
만 개가 모여
가나안에서 얻을 영토의 너비가 되는
히브리의 수학 공식을 적었지

오랜 후에 히브리에는 기이한 수학자들이 태어났지
팔레스타인의 작은 초등학교로 날아가는 포탄의 계산 식이
시온의 소수素數로

공교했지

눈물이 많아서 파피루스는
히브리 현대 수학을 받아 적지 못하고
바스라졌지

안식일 나무꾼

I
즐겁게 춤을 추다가 그대로
멈춰!
멈추지 않으면 성난 나무꾼의 비명이
네 베개를 빵빵하게 채운단다

그 소년이 안식일에 꽃을 들고 오면 마른 꽃병에 담아만 놓기
  물을 붓는 건 금지
  어쩌지! 소년에게 줄 편지에서 맞춤법 틀린 글자가 보여도 그냥 주기
  알파벳 두 개 이상 고치는 건 금지

  슬픈 나무꾼이 지켜보고 있단다

  정원에 앉았던 소년을 배웅할 때 의자 못에 걸려 스웨터 올이 어긋나도 내버려 둬
  튀어나온 올을 펴는 건 직조
  올리브 가지가 머리카락을 흐트러뜨려도 내버려 둬

빗질로 머리카락이 뽑히는 건 이미용 행위

얘야, 네 창 밖에서 지켜보고 있단다
안식일에 나무하다가
돌에 맞아 죽은 나무꾼이 말이야

소년이 돌아간 길목 내다보며 유리창에 소년의 이름을 쓰면 안 돼
안식일엔 필기도 그리움도 금지

Ⅱ
나는 사랑에 빠진 나무꾼이었네
요리하던 불이 레이스처럼 사위고 양 떼가 동굴에서 잠들고
우물가 두레박이 항아리에 찰찰 부어 주던 물소리도 공중으로 옷자락을 감추고
늘어져 덜거덕거리던 샌들 끈이 현자처럼 별자리를 향해 누운 밤을 지나

나는 안식일을 잊었었지
나는 노래를 부르며 숲으로 갔어
나무 팔아 내 소녀에게 흰 너울을 사 줄 거야
도끼를 어깨에 메고 나무하러 간 아침
곧 돌에 맞아 죽을 노래가
보랏빛 나팔꽃들에게 미소를 지었지

나는 죽어서도 소녀에게 꽃을 주러 다닌다네
꽃은 화목火木처럼 불이 붙기도 해
안식일에 허락된 온도는 손을 댔을 때 데지 않는 온도
음식도 차도 끓일 수 없는 온도

내 꽃을 받고 심장이 타오르는 소녀는
밤새 내 비명을 듣고
재가 된다네

안식일에 나무꾼의 꽃을 받으면 안 돼

그들의 포도는 크고

아무렴

나는 그들의 포도로 가위눌렸고 그들의 포도에 입술이 말랐고 그들의 포도밭 앞에서 신발 끈을 묶었고 그들의 포도로 생을 점쳤고 그들의 포도에 복사뼈를 으깨었고 그들의 포도 향기에 취했고 그들의 포도를 짐 지었고 그들의 포도나무에 접붙였고 그들의 포도 그늘 아래 묻혔나니

휘늘어진 '나니체' 뒤로 그들의 포도가 죽은 내 흉곽을 후비며 벋어 갔다

나는 그들의 옷을 그리워하며 부패했다
무채색이거나 갈색이거나 밀크블루거나 무심하거나 냉소적이거나 무등산 개복사꽃처럼 잠깐 매혹적이거나 야멸차거나 폭신하거나 그들의 몸에 딱 맞아 날렵하던

내 비루는 무거워 방랑을 넘어서지 못했다

내 헤아림으로 너를 헤아릴 수 있겠니?

I
우리는 사랑을 헤아렸지

돌판을 내동댕이쳐 박살 내곤 하던
사내를 사이에 두고

당신은 그림자 속 규율만 조밀한 국가처럼
나는 낙타가 씹던 가시풀처럼
당신은 온 땅이 피에 젖을 때 치맛자락 사뿐 들고 지나가는 공기처럼
나는 피를 핥던 개처럼
당신은 먹고 나면 또 배고프던 메추라기 고기처럼
나는 검은 파이프로 물을 공급받는 올리브나무처럼
당신은 올리브 숲에 내려앉던 어린 저녁처럼

꿈을 건너온 아침마다 히브리 나팔꽃의 숫자를 헤아렸지

II
우리 사랑은 끓어 넘치는 귀리죽처럼

끓어 넘치고
타 붙은 귀리죽은 홀로 타오르고

올리브 숲으로 가는 언덕에 히브리 대학은 홀로 앉아
뜨겁고 순정한 지옥처럼 앉아
따당따당 쿵
하나 둘 셋 넷
아 도 나 이
피와 오줌이 줄줄 흐르는 내 이름을 헤아렸지
팔레스타인 아이의 이마에 박히는 총알을 헤아렸지

너는 너의 돌판을 만들며
나는 나의 돌판을 부수며
우리 사랑은 겨울옷 없는 사람이 짓는
대마 농사 같은 거였지

민수기 26:1-46

시작 노트

    광야를 방랑하는 히브리 노예들을 헤아리는 하나님의 심정은 어떤 것이었을까.

    그분은 왜 과도한 율법을 지워 끊임없이 자기 백성 중의 누군가를 죽여야 했을까.

    죽어 간 그들은 참으로 죽지 않은 그들보다 불량했던가.

    가난하고 더럽고 가진 것은 선민의식 하나뿐이던, 실은 그 선민의식도 아침마다 흔들렸던 히브리인들.

    낱낱의 그들에게서 하나님은 무엇을 보셨을까?

    그 모든 비루와 선망, 일탈들이 과연 사람의 죄일까?

    질문에서 질문으로 이어지는 불신앙의 시 쓰기를 한 번 더 지속했다.

주원규

***

| 약력 |

백석교회 안수집사. 1977년 〈현대문학〉으로 등단. 시집 《切頭山 시편》(문학세계사 출간), 《문득 만난 얼굴》(문학수첩 출간). 한국문인협회 및 한국기독시인협회 자문위원, 한국시인협회 심의위원. 은평문학대상, 한국기독시인상, 청하문학상 수상.

눈은 내렸다

1
누가 뭐라거나
땅 위가 어떻든 간에
눈은 내렸다

그가 큰소리로 왜 지랄이야, 외칠 때에도
우리 엄마가 요실금으로 가끔가끔 지린내를 풍길 때에도
그가 돈줄이 끊겨 낙담한 얼굴로 한숨을 쉴 때에도
내가 젖내 나는 아이 등을 토닥토닥 토닥일 때에도
땅 밑에서 할미꽃 이제 봄 되면 꽃피워야지 꽃피워야지
온 천하에 다짐하며 속삭일 때에도
눈은 내렸다

2
'너희는 거룩하라 이는 나 여호와 너희 하나님이 거룩함이니라'(레위기 19:2) 이 말씀에 안구眼球를 모으며 오호라, 이스라엘 백성이 레위기의 율법에 대한 순종을 통해 거룩하게 되었구나, 이스라엘 백성은 그럴 수 있었구나, 새로이 느끼는 순간에도 그때에도 눈은 내렸다

어떤 구도 構圖

　감옥에 들어가지 않으려고 악착같이 싸우는데, 감옥에 집어넣으려고 악착같이 싸운다 이것은 영화도 아니고 영화를 닮은 사람들의 현실, 세를 얻은 자들의 억지와 세를 잃은 자들의 비참이 한 울타리 안에 있다 밥은 같은데 밥맛이 다른 밥상 위로
　가을 해가 지고 있다

귀

기회는 거북이처럼
침묵처럼 소리 없이 와서
미처 보지도 깨닫지도 못했다
지나간 뒤에야 아하, 기회였구나 했다

기회는 토끼처럼 날래게 뛰어가서
솔개나 하이에나에 쫓기듯
번개처럼 지나가서
미처 보지도 깨닫지도 못했다
지나간 뒤에야 아하, 기회였구나 했다

똑같은 기회지만
누구에게는 하늘이 내린 천금의,
누구에게는 시시껄렁한,
그래서

똑같은 말씀이지만
들리는 귀가 있고 들리지 않는 귀가 있다
말씀 가까이 하는 귀가

하늘, 하나님 가까이 있게 된다

독백 獨白

1
요란한 주의주장들이 난무하는
그래서 모든 꽃들도 망설이다 핀다는
이 고장에선
자화상 한 폭 그리기도
지난至難에 지난이라는
외고집 화가님 말씀이다

2
저 기타가 오늘은 왜
징징 울까
때까치는 이 나무 저 나무 휘릭휘릭
옮겨 날며 왜
어제 울다 멈춘 울음을 또 울까
앳된 여자애가 장난치며 여관을 나올 때
왜 비는 멎고 해가 뜰까
플라타너스 큰 잎새가
앞길을 조심하란 듯
포도에 살포시 내려앉는다

하늘 문 앞에서

저 또 미치게
짙푸른 하늘

갈대밭 머리에서
개개비 울고

시내 산에서
모압 광야에 이르기까지
머리 수만큼 고난에 이르고
머리 수만큼 순종할지니
머리 수만큼 기쁨과 영광을 얻을 것이매

갈대밭 머리에서
개개비 울고

저 또 미치게
짙푸른 하늘

시작 노트

'인간의 역경은, 하나님에게는 그를 도와줄 수 있는 기회가 된다'라고 목덕(G. R. Mott. 1946년 노벨 평화상 수상) 박사가 말했다. 말씀을 중심으로 승리의 삶을 산 사람들이 이 덕목의 증인들이 된다.

요즈음 나는 '내 우물쭈물하다 그럴 줄 알았다(이 번역이 오역이라는 설도 있다)'던 쇼Shau 영감의 힐난의 소리가 자꾸 귓속을 파고든다. 이제 날씨고 뭐고, 시대와 시절이 어떻고 저떻고 탓하며 우물쭈물할 때가 아니다. 이제 알맹이가 있는 시 몇 편이나 더 쓸 수 있을 것이며, 마음에 쏙 드는 시집을 몇 권이나 더 내어 인류를 시 속에 쏙 빠져들게 할 수 있겠는가. 그야말로 마음대로 써지지 않는 게 시 아니던가. 사람 냄새가 물씬 풍기되, 깊고 오묘한 내용의 상징과 은유, 간장이 녹아내리는 감성 언어와 율격의 시를 한 바구니(오병이어, 마 14:15-21) 거두었으면 '너 좋고 나 좋을' 것인데.

주님께 영광을 드리는! 릴케의 시 '가을에'와 다형茶兄의 시 '가을의 기도'를 허밍으로 읊조린다.

하현식

***

경남 창녕 출생. 1973년 〈현대시학〉을 통해 문단에 나옴. 한국시인협회 자문위원으로 활동 중. 황우문학상(1997년), 부산시협상(1998년), 부산원로문학상(2017년). 시집 《그해 여름의 눈보라》 외 다수. 평론집 《한국시인론》 외 다수.

번제를 위하여

피 한 방울의 향기가
불꽃으로 피어올라
제단을 적신다
제단 위에 우뚝 서는
살 한 점의 헌신
거센 횃불이 되어 피어오른다
뼈 한 가닥의 기원과
소제와 속죄제 또는 속건제
빛이 보이는 곳에서
외로운 자의 지팡이가 일어서고
다른 신이 없는 병영의
큰 불꽃이 타오른다
불꽃이 번져 가는 제단의
우람한 소멸
죽어 가는 자의 제단의 일우
더 큰 불꽃이 와서 눕는다
피 한 방울의 향기와
살 한 점의 헌신과
뼈 한 가닥의 기원이

불꽃으로 타올라 함께 눕는다

레위기 1:3-17

출정식

햇살이 앞에 서고
작은 모래알들이 도열한다
모래알의 작은 알갱이들이
노호하는 발밑에서
서걱이는 절규가 광야를 밀고 간다
레위 지파가 앞에 서고
유다 지파가 모래알 사이에 끼어 있다
종려 잎이 흔들리고
모압 광야가 흔들린다
40년의 모래톱이 일어서서
뜨거운 길을 만들고 있다
간신히 가나안의 불빛이
광막한 길을 비쳐 준다
길을 버리고
길을 연다
끝없는 투쟁의 발치에서
출정의 끈을 잡는다
나는

민수기 1:54
이스라엘 자손이 그대로 행하되 여호와께서 모세에게 명령하신 대로 행하였더라

진군

아모리족을 밟고 넘어
아라비를 지나간다
지리멸렬의 모래들을 일깨워
얍복강을 헐어 낸다
하나 둘 덮쳐 오는 어둠
겉으로 빛나는
요단 저편을 지나간다
레위의 군대들이 도열하고
피워 올리는 영의 깃발
주위 권능이 레바논을 보게 하고
여호수아에게 지팡이를 건네 준다
야훼의 땅은 눈부시고
어둠과 구름과 불꽃 중에
법도가 솟구치고
부패한 자기 일에
형상을 밀어낸다

신명기 1:1
이는 모세가 요단 저쪽 숩 맞은편의 아라바 광야 곧 바란과 도벨과 라반과 하세롯과 디사합 사이에서 이스라엘 무리에게 선포한 말씀이니라

가나안

내 쉬이 가야 할 땅
돌아가서 누울 곳
가나안
아득히 모래 위에 누워 있다
요단을 허리에 차고
갈멜산 우러르는 네 하늘에
흰 구름 한가로이 떠간다
갈릴리는 언제나 기도에 젖고
찬미 소리 물살 흔들 때
내 마음 끝없는 기원에 젖는다
굽이치는 바다와
아라바의 둔덕 언저리
네 꿈은 깊은 묵도에 빠져 있다
나사렛을 지나가려고
베들레헴 돌아오는 들머리
내 기원도 헤르몬 산을 오른다
내 돌아가서 몸 누일 곳
가나안
물결 잔잔한

갈릴리의 요새 포근하다

신명기 7:17-26

네가 혹시 심중에 이르기를 이 민족들이 나보다 많으니 내가 어찌 그를 쫓아낼 수 있으리요 하리라마는 그들을 두려워하지 말고 네 하나님 여호와께서 바로와 온 애굽에 행하신 것을 잘 기억하되 네 하나님 여호와께서 너를 인도하여 내실 때에 네가 본 큰 시험과 이적과 기사와 강한 손과 편 팔을 기억하라 네 하나님 여호와께서 네가 두려워하는 모든 민족에게 그와 같이 행하실 것이요 네 하나님 여호와께서 또 왕벌을 그들 중에 보내어 그들의 남은 자와 너를 피하여 숨은 자를 멸하시리니 너는 그들을 두려워하지 말라 너희의 하나님 여호와 곧 크고 두려운 하나님이 너희 중에 계심이니라 네 하나님 여호와께서 이 민족들을 네 앞에서 조금씩 쫓아내시리니 너는 그들을 급히 멸하지 말라 들짐승이 번성하여 너를 해할까 하노라 네 하나님 여호와께서 그들을 네게 넘기시고 그들을 크게 혼란하게 하여 마침내 진멸하시고 그들의 왕들을 네 손에 넘기시리니 너는 그들의 이름을 천하에서 제하여 버리라 너를 당할 자가 없이 네가 마침내 그들을 진멸하리라 너는 그들이 조각한 신상들을 불사르고 그것에 입힌 은이나 금을 탐내지 말며 취하지 말라 네가 그것으로 말미암아 올무에 걸릴까 하노니 이는 네 하나님 여호와께서 가증히 여기시는 것임이니라 너는 가증한 것을 네 집에 들이지 말라 너도 그것과 같이 진멸당할까 하노라 너는 그것을 멀리하며 심히 미워하라 그것은 진멸당할 것임이니라

초막절 지나며

당신의 구름 위에
당신의 불기둥이 치솟는
길이 열리고
모래톱은 평안하게 누워 있다
마라의 샘을 지나
르비딤 언덕이 어둠에 갇히면
당신의 길은 너무 선명하여
이제 당신의 열매가 굳게 익는다
구원과 심판이 완성되고
나의 초막 정수리에서 빛나는
당신의 견고한 말씀
내 버드나무 가지는 더욱 무성하다
오랜 밤이 지나쳐 가고
빛이 일어서는 광야에서
내 추수는 거대한 양식을 쌓아 올린다
시나브로 타작마당의 들뜬 바람이
일곱째 날의 온전한 집을 감돈다

신명기 16:13-17

너희 타작 마당과 포도주 틀의 소출을 거두어들인 후에 이레 동안 초막절을 지킬 것이요 절기를 지킬 때에는 너와 네 자녀와 노비와 네 성중에 거주하는 레위인과 객과 고아와 과부가 함께 즐거워하되 네 하나님 여호와께서 택하신 곳에서 너는 이레 동안 네 하나님 여호와 앞에서 절기를 지키고 네 하나님 여호와께서 네 모든 소출과 네 손으로 행한 모든 일에 복 주실 것이니 너는 온전히 즐거워할지니라 너의 가운데 모든 남자는 일 년에 세 번 곧 무교절과 칠칠절과 초막절에 네 하나님 여호와께서 택하신 곳에서 여호와를 뵈옵되 빈손으로 여호와를 뵈옵지 말고 각 사람이 네 하나님 여호와께서 주신 복을 따라 그 힘대로 드릴지니라

시작 노트

하나님의 역사는 질서 정연하다. 계획하시고 축조하시고 또 실천하는 자리에서 영광과 사랑이 너울진다. 길이 멀다고 포기하지 않고 상처진 자리는 어루만져 치유하신다. 그것이 레위기, 민수기, 신명기의 역사이며 모든 성서의 지침이다. 시편을 통해서 구축하고자 하는 메시지 역시 이와 합한다.

권택명

***

| 약력 |

사랑의교회(개혁) 장로. 1974년 월간 〈심상心象〉 신인상 당선으로 데뷔. 《예루살렘의 노을》 등 5권의 개인 시집과 이어령 시집 《어느 무신론자의 기도》 등 17권의 한·일, 일·한 문학 번역서가 있음. 한국시인협회 사무국장, 교류위원장 등 역임. 현재 심의위원. 한국기독교시인협회, 펜클럽, 심상시인회 회원. 동북아기독교작가회의 한국 측 총무. 월간 〈창조문예〉 편집자문위원. 한국펄벅재단 상임이사. 제10회 바움문학상 수상.

구속拘束 · 구속救贖
– 레위기

번제 소제 화목제 속죄제 속건제
화제 요제 거제 전제
규례 법도 명령
정결 성결 거룩
유월절 오순절 나팔절 초막절
속죄일 안식일
안식년 희년
말라, 하라,
지키라, 행하라,

그리고, '흠 없는', '흠 없는', '흠 없는'……

숨 막히는 언어들로 빽빽한 숲속
길이 보이지 않는 압박감으로
자유를 넘어 방종으로 내딛던 나날

'사람답게 살아라',
때때로 되새기는 부모님의 말씀,
물고기는 물에서만 생명을 얻고

생육하고 번성하게 하신
창세의 뜻을 안 후
비로소 무릎 꿇는 레위기의 말씀,
구속拘束에서 구속救贖으로 건너가는
은혜의 다리.

지상의 눈에 보이는 유산이 없기에
오히려 영원히 든든하던 레위 지파처럼,
'그리고 그가 부르셨기'*에
이제
오직 그리스도의 십자가 앞에
응답만 하면 되는

이 축복과 자유!

레위기 19:2
너희는 거룩하라 이는 나 여호와 너희 하나님이 거룩함이니라

* 레위기의 히브리어 제목은 모세오경의 다른 책들과 마찬가지로 처음의 단어인 '그리고 그가 부르셨다'이다(비전성경사전).

아사셀*
– 레위기

광야 같은 지상의 나날을
하루하루 아사셀 염소에 기대어 걸어간다.
사막 길을 가야 하는 오늘
신기루에 현혹되면서도
아사셀 염소 그가 내 대신 떠나갔기에
우연처럼 가장한 필연의
숨겨진 오아시스에서 목을 축인다.
신비의 샘처럼 주어지는 순간들을
광야와 사막의 밤에도
이마 위에 쏟아질 듯 빛나는 별들로 인해
다시 일어서는 나날
죄와 허물투성이로
죽었어야 할 나는 죽지 않고
내 대신 죽음의 땅으로 떠나보낸 바 된
아사셀의 염소,
해마다 가지 않아도
단 한 번으로 영원까지 열어 놓은
아사셀의 염소, 그리스도,
그 은총의 그늘 아래

광야 길 사막 길
오늘도 낙타처럼 묵묵히
앞서간 발자국을 따라가고 있다.

레위기 16:10
아사셀을 위하여 제비 뽑은 염소는 산 채로 여호와 앞에 두었다가 그것으로 속죄하고 아사셀을 위하여 광야로 보낼지니라

* 아사셀 : 희생양scapegoat

역설 – 놋뱀
– 민수기

뱀에 물린 자에게 뱀을 보라는 건
코웃음 칠 수 있는 억지
가당치 않은 주장
거짓 뱀의 형상이라도 보라는 건
믿음의 시험,
장대에 달린 놋뱀이 보이지 않는 거리에서
뱀독으로 퉁퉁 부어 있는 자라면
어쩌면 고통 속에서 죽을 힘을 다해
보이는 곳까지 기어 와야 할
신뢰에의 시련과 고투,
좌절 속에서 포기하고 싶은 유혹,
그러나, 그러나,
높이 달렸기에 멀리서도 볼 수 있고
물린 자마다 그걸 보면 산다고 한다.
쳐다본즉 모두 살았다고 한다.
목만 들어도 고개만 틀어도
아니 눈동자만 돌려도 된다.
나무에 달려 위로 들린 그리스도*처럼
누구나 볼 수 있는 장대와

그 끝에 높이 달린 놋뱀은
살리려는 은혜의 표징,
무한 은총의 표상,
겨자씨 만한 믿음 있는 자 누구에게나 가능한
역설의 은혜이다.
엘리 엘리 라마 사박다니[**]
비참하게 매달려서 얻은 십자가 승리의 역설,
한 알의 밀알이 땅에 떨어져 죽어서
많은 열매를 맺는[***] 아이러니,
그 작은 자가 천 명을 이루고
그 약한 자가 강국을 이루는[****]
불가사의의 은총이다.

민수기 21:8~9
여호와께서 모세에게 이르시되 불뱀을 만들어 장대 위에 매달아라 물린 자마다 그것을 보면 살리라 모세가 놋뱀을 만들어 장대 위에 다니 뱀에게 물린 자가 놋뱀을 쳐다본즉 모두 살더라

귀머거리 – 목이 곧은 백성
– 신명기

아침을 여는 까치 소리에 잠 깨어
잎새에 이는 바람 소리 들으며 출근한다.
잡담과 차량 소음에 뒤섞여 시작하는 하루,
칭찬과 아부의 소리는 크게 들리고
작은 비난과 불평의 소리에 즉각 반응하며
깊이 모를 밑바닥 탐욕의 소리와
들리지 않는 뒷담화에까지
귀를 쫑긋 세운 시간들을 뒤로하고
어깨가 처진 채 돌아가는 귀갓길
뭔가가 허전하고 공허하다.
저녁이 되고 아침이 되니
이는 첫째 날이니라
– 둘째 날이니라
– 셋째 날이니라
– 넷째 날이니라
– 다섯째 날이니라
– 이는 여섯째 날이니라*
일곱째 날 안식의 시간까지
스물네 시간에 자전하는

아름다운 푸른 별 지구의 소리는 듣지 못했다.
쉐마 이스라엘!**
세미한 하나님의 음성은 듣지 못했다.
아니, 아니,
'내 행복을 위하여'***
매 순간 우레와 같이 내 심령에 던지시는
그분의 말씀은 듣지 못했다.
귀가 먹고 목이 곧아
듣지 못했다.
듣지 않았다!

신명기 10:16
그러므로 너희는 마음에 할례를 행하고 다시는 목을 곧게 하지 말라

　* 구약성경 창세기 1:5-31
　** '이스라엘아 들으라' – 신명기의 주제
*** 구약성경 신명기 10:13

권택명 135

도피성 逃避城
– 민수기

도피성*이 가까운 곳이 아니었던들
잘 닦인 길이 아니었던들
요단강의 동과 서에 있지 않았던들
각 지파 지역 중앙에 있지 않았던들
누구나 볼 수 있는 높은 산지에 있지 않았던들
가는 길이 넓지 않았던들
그 길에 표지판이 크게 세워져 있지 않았던들
여섯 개나 있지 않았던들,

나는 아마도
하루에도 수십 번씩 도피성을 드나들지 못했으리라.
아니 이 땅에 이미 없었으리라.

고의로 살인한 자도 들어갈 수 있는
오늘의 도피성,

피하기를 원할 때마다
누구든 피할 수 있는
이미 완성해 놓은 생명의 길

은총의 대로로 들어서지 못했으리라.

틀림없이……

민수기 35:11
너희를 위하여 성읍을 도피성으로 정하여 부지중에 살인한 자가 그리로 피하게 하라

* 유대인의 전승에 의하면 도피성으로 가는 길은 넓이가 14미터나 되었으며 길에는 표지판을 크게 세워 놓았다고 함(비전성경사전).

시작 노트

　레위기, 민수기, 신명기. 모세오경의 완성편으로, 하나님의 구속사救贖史 안에서 이 세 권의 성경이 차지하는 비중은 막강하다. 하지만 성경을 읽을 때마다 건너기가 쉽지 않은 큰 강이고 깊디깊은 물길이다.

　그런데 시로 형상화하기는 더 어려웠다. 결국 이전 두 권의 엔솔로지에서와 마찬가지로, 각 성경에서 나의 감성을 촉발시킨 하나의 단어 또는 에피소드에 근거하여 쓰기로 했다.

　다만 성경을 단편적으로 보기보다 〈창세기〉에서 〈요한계시록〉까지를 관통하는 하나님의 구속사 안에서, '그리스도 예수'를 통한 구원久遠의 구원사救援史라는 일관된 맥락을 따라 읽어야 하듯이, 시로 써내는 일도 결국은 성경의 중심이 되는 예수 그리스도로 집약되는 흐름을 따라야 한다는 생각을 하면서, 더러는 해석으로 더러는 신앙 고백으로 엮었다.

　늘 그랬듯이 게으름의 핑계로 마감 일에 쫓기며 미완인 채로 내놓는 졸품들이, 함께하는 열두 시인들과 하나님 앞에 송구스럽다는 생각을 감추기가 어렵지만, 신자이든 불신자이든 시로 변환된 '말씀'들을 통해, 하나님의 구속사 안에 들어오는 '은혜'와 '깨달음'이 함께하기를 기도한다.

김 석

***

| 약력 |

창천감리교회 장로. 1978년 〈현대문학〉으로 등단. 시집 《우슬초로 씻으소서》 외 7권. 크리스챤문학상. 한국시인협회 자문위원.

푸른 가난, 풀잎 제사

봄에서 여름까지 푸성귀 잎과 줄기들
풋것들의 푸른 숨을 죽인 푸성귀뿐,
아내의 식탁뿐이란 말에, 벗들은
얼룩 때로 터널 속처럼 목구멍과 핏줄
오장육부 마디마디 낡고 닳은 핏줄들
제어 장치 풀린 일백여덟 뼈 마디마디의 나이테
씻어 닦아 힐링하는 데는 유기농이 그만이라는,
행복의 겨움과 넘침이라 마른침을 발랐습니다.

그럴 때면 들릴락 말락 목소리로 나는
6, 70년 하숙생 때 그 시절의 노래처럼
그린 필드요,
혼잘 때는 더욱 큰소리로, 나는
'내가 소가' 그럴 때면
손등이 정맥혈로 선연한 침묵으로 아내,
뻣뻣한 지아비 심사心思와 땟국의 세월
단백질의 부족 어지럽다면서도, 아내는
핏줄 속 콜레스테롤 세척의 확실한 믿음
푸성귀가 '딱'이에요, 말뿐

풋것들 식탁, 푸른 경전經典으로 나를 몰았습니다.

성긴 이 아귀아귀 푸성귀를 씹은 늦은 아침
패거리들 전자 촛불 이후, 뜸했던 TV를 켰습니다.
마침 종교인과 종교 재단들도, 마땅히 납세의 의무를
국민으로 탈세를 막아야 한다는, 낯익은 얼굴도 끼어
눈 속 제 들보는 두고 형제 눈 속의 티끌을 단죄하는
난상 토론은 종교들의 범죄랄까 단죄로 열혈이었습니다.

월급 만 원 남짓, 누런 마분지 봉투로 시작
38년 한결 한 길 유리 지갑이었던 나(?), 그리고
충실하게 일하며 세금을 낸(?) 사람들의
마땅한 약속으로 하나님께 드린 십일조
드려진 십일조(?) 두 손 모아 쪼개고 받들어
보이지 않아서 더욱 있고 있어야 함으로 세계를
밑힘과 믿음으로 확신해 보여 주어야만 하는,
푸성귀 내 식탁만도 못한 짧은 허리띠 젊은 목회자들
세금 신고 선도 오르지 못한 젊은 사제들 생각했습니다.

아내의 제언에 나는 푸성귀가 눈요기나 되겠느냐며
그래도, 우리가 기도하며 두 손으로 가꾼 채소니까
하나님의 집을 섬기는 레위지파처럼 목회자들에게
고르고 잘 씻어 푸성귀 잎들이나마 가져가 보자고,
무교병 소제素祭처럼 푸른 잎들을 목회자들께 공궤하자고
씻고 고른 푸른 잎들 한마음 두 손으로 가져갔습니다.

오늘도 아내의 뒤를 따라가 주말농장의
잡초를 뽑고 푸른 잎들 골라 뜯었습니다.
푸성귀들 한 잎 또 한 잎 여느 때처럼
뜯고 젖히다가 푸른 벌레 몇 마리 으꺘습니다.
문득,
산새가 알을 품고 있으니 돌아서들 가시라는
한 사찰 석등 아래 걸렸던 안내문이 생각나
손톱 밑 푸른 피 벌레들 참 부끄러웠습니다.

주말농장 아내의 뒤를 따라다니면서
무교병처럼의 물통
물통에 물을 받들고

푸른 잎들에 물을 내리는 일을 하다가
물이 탁본하는 푸른 잎들의 푸른 물집을 보았습니다.
푸른 잎에 숨어 꿈틀거리는 프란츠 카프카의 변신
그레고르 잠자처럼 상처투성이 늙은 벌레
상처투성이 늙은 변신變身의 나를 보았습니다.

레위기 6:16
그 나머지는 아론과 그의 자손이 먹되 누룩을 넣지 말고 거룩한 곳
회막 뜰에서 먹을지니라

줄을 서기와 줄 세우기

예수의 지상 생활 처음은 요단강 온몸 침례였습니다.
세상 생활 예수님의 마지막 또한 물로 손 씻고 열두 제자
손과 발을 하나씩 씻고 씻겨 준 뒤 베푼 성찬식이었습니다.

야훼, 이스라엘의 하나님은
요단 건너 약속의 땅에 들어가기 위해서는
열두 지파 이스라엘의 목숨을 씻는 정결례淨潔禮
야훼 하나님은 모세에게 인구 조사를 원했습니다.

칼 들고 방패가 될 수 있는 사람의 숫자가
603,550명이었습니다. 그리고 그들 행군 행렬의
사방으론 우리 난중일기 속 노적봉을 둘러 뛰었던
강강술래처럼 열두 지파 손에 손을 잡아 줄을 세우고
중심에는 법궤 하나님을, 절체절명으로 출발이었고
출발은 작은 땅 이스라엘의 큰 힘 오늘이 되었습니다.

분단의 작은 땅, 남한 인구 절반이 모여 산다는
서울과 경기도, 경기도 북부 경기 사람들의 터
한 달 두세 번 서울 향하는 지하철도 줄 서기입니다

교육 없는 교육의 루소의 교육 이론처럼
줄을 서고 줄 세움을 싫어하는 나는
맘과 몸을 흔들림 그대로 맡겨 삽니다.

돌아보니,
항렬도 잊고,
고향도 찢겨 놓치고 말았습니다.
이스라엘 광야 40년처럼, 사십 년의
스승과 제자 사제동행도 뜸했습니다.
사람들이 말하는 시인이란 위상도,
세상이 내뱉는 종교인으로 법도와 자세도,
지아비와 아버지의 아버지 위계와 질서도,
놓고 놓아 놓치며 바장거려 살아왔습니다.

오늘은 사람들 나들이가 뜸한 하오 2시
헐렁 남방과 얇은 바지 차림으로 식골인지
색골의 오기誤記(?)인지 멍석 깔린 작은 공원 길
산길 공원을 넘어 초·중·고 혼성 특히 여아들의
붉은 입술에 훤한 허벅지까지 위태 치마와

산길에서 사내놈들이 예사 어른들 흉내와 행세의
위험 수위 등교 산길과 마을버스의 종점
사람 뜸한 마을버스를 타고
서울 사는 친구들께 전화도 하지 아니하고
백마역에서도 줄 서기가 없는 하루였습니다.

금수강산에 빛이 소슬하기를 광화光化 광화문의 길
혼자만이라도, 꼭 그래야만 한다는 신념으로
광화 광장의 세종대왕 군자 남면君子南面 동상과
오른손에 칼을 쥔 충무공忠武公 동상 곁 노란 깃발들과
광화의 오늘이 있게 한 지하 훈민정음 이도 님과
아직 13척 배와 신臣이 있습니다. 이순신 거북선과
지하 교보문고 시집과 우리 얼과 골 코너의 순례,
가락국수 한 사발 뒤 인사동의 썰렁 그림 전시장
출처가 불분명한 골동들 골목길을 서성거리다가
선 채로 지상 지하 지하철과 마을버스 갈아타고
젖은 가슴, 달랑 시집 한 권 혼자 돌아왔습니다.

민수기 1:2
너희는 이스라엘 자손 모든 회중 각 남자의 수를 그들의 종족과 조상의 가문에 따라 그 명수대로 계수할지니

모세의 제7계명, 나 또한

프롤로그.

퇴계의 리발기발理發氣發 2원론에 대해 49세 생을 마감한 기발리승氣發理乘, 율곡의 기발리승의 성정性情 속 인물동이성 人物同異性*을 두고 호락논쟁湖洛論爭의 중심에 섰던 중원 땅 충주忠州, 충주 선비들은 군국주의 일본이 우리 땅의 지맥과 혈맥을 자르고 쇠못을 박아 기찻길 놓는 일에 목과 가슴을 디밀었던 부월 상소斧鉞上疏의 진원지였습니다.

쓰나미의 섬 군국주의 일본 41년 세월이 물러가고 조국은 분단 70년, 지금도 이 땅은 분단과 성정의 엇물림 난장터입니다. 북은 절대 세습 3대 왕조, 남은 '올바르게'는 뒷전에 '잘살아 보세'와 국민 체조와 새마을 노래, 노래는 마을과 마을 지렁이며 개미들 고샅길까지 시멘트, 아스팔트로 덮인 사통팔달 길이 되었지만, 길바닥은 불평등, 절망과 미움의 사발통문이 독풀처럼, 혁명 촛불과 붉은 띠 지금을 부르고 말았습니다.

때의 정권을 움켜잡았던 리기일원 노론들 사이의 사람됨과 다움을 불모로 마음속의 인성人性과 물성物性의 같음과 다름을 두고 출렁 출렁거렸던 호락논쟁, 인성의 향상일로를 위한 품격 논쟁은 언제 어디로 사라져 버린 것일까,

하나.

충주 시 외곽의 천등산天燈山, 천등天燈 중턱에 이슬람 사원이랄까, 국회의사당 돔 모형이랄까, 꼬부랑글씨 Amuru Motel 들어섰습니다. 농번기 때도 뻔질나게 드나드는 색색 차량들, 한 날 동네 할머니가 이장인 아들에게 물었습니다. 모텔 짓는 일에 도움을 주었던 중년의 아들 이장의 답이었습니다. 나도 몇 번 일(?) 때문에 들른 일이 있었는데 모내기보다 더 바쁜 일들로 잠을 설친 대처의 사람들이 찾아와서 단잠을 청하는 집이랍니다.

그 자리가 어딘가 나도 자러 가리라, 고려가요 쌍화점처럼, 영국의 한 사회 심리학자가 우리 땅 많은 아파트 속의 모텔들을 목도하고 한국에는 아파트만 있고 룸은 없다고 힐난했다는, 신구 기독 신자들이 23%인 내 나라, 모세의 율법 '간음하지 말라' 계명은 번역 그때의 성경聖經이라서, 개혁 새 판의 우리말 성서聖書 시대는 화간和姦은 진짜 괜찮지 않겠느냐는 내 나라, 천등산은 너의 불을 켜 등경 위에 두라는 하늘 마음 불처럼 충주 외곽 천등산, 충주는 절의와 열녀문 충청도를 지켜왔었다는, 하늘 등불 천등, 천등산 중턱까지 Me to, to me와 나 또한 to Me와 me to의 Amuru Motel

이란 요상한 말솜씨에 점령되고 말았습니다.

둘.

4대문 안의 통금 한양 시절, 구로구 구로九老 마을은 잰척 출랑 젊은 것들이 '꽃할배'란 말로 어르신네를 틀고 쥐어박는, 아홉 어르신들이 성선으로 사람됨과 다움을 믿고 붙들었던 호락논쟁의 한 터였습니다. 6, 70년 새마을 노래 시발과 절정의 때는 고향 그리움을 백열등과 비둘기 둥지에 묻고 기적 한강의 역군으로 공순이와 공돌이들의 눈물이 백열등에 화살처럼 미세 먼지들로 룸과 터였습니다.

2018년 여름 불볕더위가 달은 석쇠처럼 구로 마을 저물녘이었습니다. 삼겹살과 돼지고기가 전문이라는 한 식당, 돌솥 밥을 시킨 벗들 틈에 끼었습니다. 식당은 석쇠 위 벌건 단백질 덩어리 뒤집어 구르는 소리와 에어컨과 선풍기가 섞여 돌아가는 소리, 얼음 띄운 맥주잔에 '처음처럼, 참이슬'과 반라 속옷 속곳의 선홍 살점 남녀들의 귀를 찢는 팔도 방언과 웃음 섞어 명정酩酊의 파티였습니다.

저들은 건물 지하 라틴 사교춤 파티서 만난 암수들일 거라고, 구로 마을에 사는 한 글벗의 귀띔이었습니다. 목덜미

문신의 근육질 젊은 사내 하나를 둘러싸고 경매장처럼 주름 여자들의 웃음소리, 한편은 쌍쌍 남녀들의 왁자지껄, 눈웃음은 거래 전인지 거래가 파한 뒤의 모습인지, 돌솥 밥 누룽지 한 알의 맛, 맛의 바닥을 긁던 나는 숟가락을 떨어뜨리고 말았습니다. 떨어진 숟가락을 줍다가 나는 할끔 여인들의 허연 허벅지, 여름의 허벅지들 틈으로 한 여인 선홍 발톱과 검푸른 멍 자국 장딴지를 목도하고 말았습니다.

　간음 현장의 한 여인을 끌고 와 예수의 코앞에 들이대고 유대인들은 물었습니다. 모세의 율법대로 이 여인을 돌로 칠까요, 말까요, 여윈 손가락으로 상당 시간 흙 위에 무언가 쓰고 있던 예수의 대답이었습니다. 너희들 중 죄 없는 사람이 먼저 이 여인을 돌로 쳐라.

　모세의 제7계명을 희롱이라도 하듯 식당 안은 다시 사교춤 남녀들의 웃음소리, 떨어진 숟가락을 줍던 나는 한 여자 무릎과 뭉뚝 장딴지의 멍 자국, 그녀 목에 걸린 십자가의 실루엣, 세례 앞서 7계명 맹서의 내 지난날들 그 짓들이 거미줄처럼, 못이 빠져나간 구멍처럼 명멸이어서, 여름 바다 위 숟가락을 주울 수도 그 여인의 푸른 멍 장딴지서 눈을 뗄 수도 돌릴 수도 없었습니다.

한여름 명정과 치음으로 구로 마을의 석쇠 위 단백질 파티, 떨어진 숟가락처럼의 나, 나 또한 그들의 찢고 찢기듯 거래 뒤 웃음의 쓸쓸함 떨어진 숟가락을 스친 많은 잇자국들보다 더했으면 더했지(?), 잇자국들 실루엣이 부끄러워서 나는, 누룽지 맛 열심 벗들도, 단백질 파티 암수 놀음 사람들도 무영無影 마음으로 버틸 수 없었습니다.

셋.
춘니春尼,
엄마 젖가슴을 어루만지며 자라는
어린것들의 하얀 잇바다였습니다.
성탄 때면 눈바람 속 세운 오버 깃
내 포켓 속 그대 손과 햇살 웃음의 군밤처럼
통금의 그 시절 늦은 백열 골목 두 그림자처럼
그리고 그럼에도 그것은 에덴동산 아담과 이브의
무화과 무성한 무화과의 이파리의 찢긴 잎들처럼
춘니의 간지러움은.

에필로그.

모세의 돌에 새긴 율법 중 살·도·음은 삶의 현장에서 외적 질서의 재단裁斷과 정립으로 문제입니다. 여자를 보고 음욕을 품는 자는 이미 간음했다는 예수의 탐·진·치·허언의 문제는 너와 나 됨과 사람다움으로 심心의 성정을 들춰 절제와 예방을 말하는 종교의 푸른 지평입니다.

치정癡情(?)**, 동물들은 왜 암수의 문제가, 문제가 되지 않는데, 사람에게만 남녀의 관계가, 그 관계의 관계가 춘니처럼일까, 관계는 종족 보존 생존의 방편이었는데 유행가 Amoru party가 사람들의 콧구멍과 귓구멍을 간질이듯, 종족 보존의 관계와 관계를 찢어버리고, 간질이는 그 간지러움의 상처만을, 연애는 필수 결혼은 선택이라는 충동의 자맥질을, 알수록 자맥질의 터가 더욱 넓어져 좋다는 것일까.

* 인물동이성人物同異論 : 실사구시 실학이 고개를 내밀고 서구의 천주교가 우리나라를 기웃거리던 1750년대. 당시의 정권을 잡았던 성리학. 충청과 경기 남부의 이기일원론理氣一元論의 학자들 사이의 논쟁은 인人과 물物의 본성本性이 같은가 다른가의 문제였습니다. 즉 유학의 이상인 깨끗한 심기心氣의 성인聖人의 길 그 방법을 두고, 한원진 중심 충청의 성리학자들과 한강 남쪽 이재 중심의 경기 학자들 사이의 논쟁이었습니다. 호서 학자들은 마음이 일단 기氣인 이상 청탁수박淸濁粹駁이 있어 일정할 수 없으므로 성인과 범인을 구분해야 한다고 했고, 이재 중심의 경기 학자들은 사람이 지선至善으로 가는 길은 막을 수 없다고 하여 천리天理를 담은 그릇으로 심기는 인과 물, 성인과 범인의 차이를 넘어서야 한다고 했습니다.
** 간음姦淫하지 말라(출 20:14)

김석 153

빛 속에 숨다

하나.

교회의 저녁 부흥회, 초청 강사는 미국米國에서 잘 나간다는, 늘그막 여윈 내자를 대동한 목사님이라 기대가 컸습니다. 3일 부흥회를 이끈다는 목사님은 단상에서 미국 생활의 보이지 않았지만 도움의 손길로 성공담 뒤이어 누워서 제 얼굴에 침을 뱉는, 없어 있음으로 GOD을 놓아 버린, 우리들 땅의 신심信心을, god과 dog의 문제를 섞어찌개나 비빔밥처럼 격하格下, 기독교계와 내 나라의 풍문을 여과함도 없이, 세상 사람들의 말법으로 '개무시' 내가 속한 기독교의 현금現今과 현금現金을 까발리며 영어를 섞어 동조를 구하는 서울의 말투로 힐책이었습니다. 단하 앞 좌석 감사헌금 부흥회와 함께 앉아 있었던 나는 여과도 없이 내뱉는 말이 참으로 언짢았던, 집으로 향하는 지상 지하 경의중앙지하철 경로석이었습니다.

염색 시기를 놓친 것이었을까, 붉고 하얀 귀밑머리 한 여인 앞에서 출랑거리는 말투의 한 사내, 그 사내의 말이었습니다. 내 또래 목사님들은 개척교회 창립예배를 개업식(?)이라 한다는, 개업식 교회를 펼칠 때는 불확실한 미래를 보장하는 몇 개의 보험과 예배당을 담보, 식구食口들 위한 생명보

험과 자연재해보험까지 들어놓는다는, 벙벙한 몸매 넥타이 불혹不惑 나이쯤의, 직업이 목사라는 그의 지껄임에 박자라도 맞추듯 반쯤 지워진 장미 입술을 달싹이는 여자, 두 사람의 관계와 관계는, 두 사람 말과 소리결 곁에 앉아 나는 참 괴로운, 흥미로움이었습니다.

  그물은 치는 목이 좋아야 한다는, 그래서 익명을 선호하는 아파트 단지 주변이 진짜(?) 좋다는, 그들 앞서 백마역, 마을버스 갈아타고 집으로 오는 늦은 밤길, 마을버스가 철길 신호를 반드시 지켜 건너야만 하는 내가 사는 풍동, 풍동 마을 하늘에는 붉은 십자가들 틈 흰옷처럼 몇 하얀 십자가와 점멸등이 하늘에서 크리스마스 카드 그 시절처럼 달랑거리고 있었습니다.

  둘.
  더위가 39도를 웃돈다는, 지상 관측상 두 번쩰 거라는, 아니 첫 번째일 거라는, 강남에서 지하철 3호선과 문산까지 경의중앙선이 교차하는 지상 대곡大谷역, 한 남자 뒤따라 두 여인이 올랐습니다. 차 안이 진짜로 시원하다는, 아이스크림을 핥듯 시원함을 올라타 남자는 실내화 차림 두 중년의 여인들께 말했습니다.

　중년 남자의 서슴없는 '거듭났다'는 중생重生 체험 말 묶음, 명약관하 남자의 산술 단계 말법이었습니다. 쉰 목 중년 남자의 꼬리에 꼬리를 문 말은 문밖의 더위 짜증이었습니다. 지금 요양원에 계시는 홀 어머니, 어머니의 기도를 거부할 수 없어 청년 시절까지는 교회 안에 그런대로 묶인 생활, 그러나 결혼과 함께 중국 진출의 전자합자사업에 투자 반짝 성공, 거듭 실패, 술과 담배의 나날이었다고 했습니다.

　가을 한 날 목사님 이름만 대도 알 수 있다는 천당 아래의 분당, 분당의 한 대형교회 부흥 집회에 참석, 셋째 날 새벽 기도를 하다가 한줄기 빛을 받고 비늘 같은 것이 눈에서 떨어지고 눈물과 콧물의 회개 뒤, 파주 근처 한여름 땀이 혓바닥을 휘감는 습기의 토굴 기도원에 박혀 기도하다가 가슴을 훑는 하늬바람처럼 '걸어 나아가라'는 하나님의 말씀을 다시 들었다 했습니다.

　지금 한창 뜨고 있는 마곡지구, 월세 300만 원이면 된다는 예배 처소를 며칠 전 보고 왔다는, 오직 하나님의 뜻에 맡기고 무릎을 꺾고 꿇어 기도하고 있다는, 내 기도企圖의 기도祈禱에 동조하는 믿음의 동지들 몇이 모인다면 두 무릎 물리도록 남은 생은 하나님의 일과 사업을 해 보겠노라는, 두 자매님의 기도와 연락을 부탁한다는 중년 남자는, 바쁜 일정 때문에 디지털 역에서 먼저 내려야 한다는, 후줄근한 모습 중년 남자 얘기를 진짜 시원한 지하철 속에서 들으며 나는, 빈자리 나자 얼른 가서 앉는 여인들에게 안녕히들 가시라는, 왜 디지털미디어 전자 출입문 나서는 그의 뒤를 따르며 나는 지옥의 한철이란 랭보의 시가 생각났을까.

나 또한 6호선 환승을 위해 전자 칩과 전자 숲의 디지털 지하철 역의 길을 더딘 걸음으로 걸었습니다. 내 느린 걸음보다 더욱 더딘 걸음의 법으로 바쁘다는 중년의 그 남자, 바쁜 일 때문에 처진 중년 남자의 두 어깨, 전자 칩의 시대 전자 숲 디지털 역 내리면서 그런 셈본 책 이전 말씀을 꼭 해야만 했을까, 창세기로부터 일곱 봉인 계시록까지 핸드폰에 저장되어 있는 전자 불 숲의 시대, 전자 사람들에게 그의 손 핸드폰과 더딘 발걸음 그를 두고 나는 앞서 걸을 수가 없었습니다.

셋.
너와 내 손 안의 전지전능 전자 칩의 시대,

내가 밑힘과 믿음이 없는데, 어찌 남들에게
지식과 상식과 산술算術보다 기대치 없는
믿음 속 나를 보고 믿어야 한다는 말을 할 수 있습니까.

너 속의 나와 나 속의 너의 믿음은,
풀잎들 스치는 봄바람과 여름 빗방울들의
숲길을 걷다 문득 만나는 계곡 물소리처럼
둥근 과일들 속 하늘 이빨 자국처럼
겨울 추녀의 고드름이 땅을 향한 칼날처럼
칼날 고드름이 내 가슴속 둥근 물방울로의

때에, 없어 있음으로 믿음 안의 내 밑힘은
어린 그때 그 시절 예배당 새벽 종소리처럼
바람이 되고 둥근 과일이 되고 고드름이 되고
고드름 속 칼이 수증기처럼 중생 내가 되는 것입니다.

물을 탁본하다

마침내 나는 일어섰고
한 발 또 한 발을 내디뎌 걸었다.
어디로 가야만 하는지, 그리고
그 끝이 어딘지는 알 수 없지만
그렇다, 나는 걷고 걸어야만 한다.
두 손과 두 발로 땅 위를 내디뎠다.
– 알베르토 자코메티

알베르토 자코메티는 스위스 알프스의 동남 기슭
개신교도들 모여 사는 작은 마을, 화가 지망 아버지와
치마를 즐겨 입으셨던, 어머니의 기도 속에 자랐습니다.
그 나이 19세의 어느 날이었습니다, 함께 로마의 흉금까지
여행을 떠나 보자고 했던
중년 사내의 홀연한 죽음을 보았습니다.

이후 자코메티로 평생 신발 끈을 묶고 매게 했던
전도서 1장 2절을 가슴에 품었습니다.
凡事虛中之虛 虛中之虛 皆屬於虛의
허무와 허무함으로 사람, 알베르토 자코메티를 보았습니다.

사람 속 거푸집 흙을 걷어 청동 사람을 빚었습니다.
두 손 두 발만의 보무당당步武堂堂 청동 흙 사람들을
오직 내딛는 손과 발걸음의 사람만을, 자코메티는 전시장 속에 걸린 그림이 아닌 그림 밑에 섰거나 걸어가는 단순과 청정, 때로 무의미한 사람들 손짓과 몸짓의 무한한 무의미를 절차탁마로 빚었습니다.

병이 깊어지고, 가을비가 오던 날 자코메티는 외투를 덮어쓴 채 어디론가 걸어가는 모습으로 세상을 떠났습니다. 그러나 그의 정법안장正法眼藏 두 눈과 두 팔, 보무당당 땅을 내딛었던 두 발바닥은 남고 남아서 우리 또한 걸어가야만 함의 당당함을 증명하고 있습니다.

둘.
동양의 큰 산꼭대기 한 스승님은
설법이나 설교를 시작하기 전이면
모인 이들 중 가장 슬픔과 그늘이 깊은
한 사람을 골랐습니다, 그리고
그 사람의 입술과 눈시울에 웃음이 오를 때까지

그의 하얀 웃음이 설법자의 몸에 전류일 때까지
팔만사천법궤 말씀의 연기緣起와 연기煙氣 속의
밥 짓는 일을 놓지 않았습니다.

셋.
없어 있음 그곳을 말하는 스승에게
빈탕 한데처럼 꼭 있음으로 그곳을
그 지경을 본 심경이랄까, 터를
보여 달라는, 보여 주지 못한다면
당신 입술에 돌멩이를 던지겠다는

작은 키 선생의 부러진 말씀이었습니다.
'오줌이나 누고 올 테이니, 나는'

방하착放下着,

스승님의, 내놓고 아낌없이 털고 오겠다—
는 말씀에
가슴에 품었던 돌로

그의 혓바닥을 닦으며 걸어 나갔습니다.

넷.
성경 66권 주석서를
우리말과 우리 말씀으로 처음,
피난 시절 P 목사님은 동래의 금정산
부산 금정산의 70인 기도 바위 아래서
기도하고 성경 읽으며 주석을 받아쓰시다가
낡고 바랜 가죽 가방 속 펼쳐 둔 그 모습으로
가을 산길을 내려오고 말았노라 했습니다.
피난 빈궁 그 시절, 올라가 가방을 찾았을 때
열린 가방 속 그대로 백로지 공책의 주석 위에
나뭇잎 몇이 엽서처럼 얹혀 있었노라 했습니다.

자코메티 두 손과 두 발바닥 조각을 보다가
청년 시절 P 목사님의 결론이 없었던,
결론은 젊은 여러분들이 스스로 내려 보시라는
칼뱅을 전공 기독교 속 샤먼을 씻어 낸 P 목사님
P 목사님의 레위기 제사법 강해를 생각했습니다.

하나님은 흙을 빚어 당신의 숨님을 넣고
처음 흙 사람 아담에게 숨이 통해야 한다고
스스로 숨을 뱉고 거두어 살아들 보시라고
자코메티의 두 손 두 발 보무당당 청동 조각에서
물을 탁본하듯 들숨 날숨으로 걸어 나가 보라는
두 손 두 발의 정법안장 자코메티,
빛 속에 숨어서 물을 탁본하는 삶의 법과
걸음 법을 보고 왔던 밤,
내 주름 손과 발의 겉과 속속을
흐르는 물에 묻고 빛에 탁본했습니다.

신명기 10:1
그때에 여호와께서 내게 이르시기를 너는 처음과 같은 두 돌판을 다
듬어 가지고 산에 올라 내게 나아오고 나무 궤 하나를 만들라

시작 노트

　나는 다섯 편의 시를 쓰면서 오호라, 나는 곤고한 사람이라 말했던 사도 바울의 말씀을 몇 번이고 되씹었습니다. 지금까지 주 안에서 주님의 지상 생활 모습을 닮아 가야 한다는 다짐으로 내 삶의 모습이 너무 한심했기 때문입니다. 특히 모세의 십계명 중 7계명과 me to의 현실, 이 시대를 살면서 가능한 사실事實에 입각한 에피소드 형식으로 시를 쓰면서 나는 물론이요, 사제를 포함한 기독 신자들 중 7계명에서 자유로울 사람이 몇이나 있을까. 예방 차원에서 여자를 보고 음욕을 품은 자는 이미 간음했다는 예수님 말씀 도마 위에서.

　통계에 의하면 신·구교를 합해서 인구의 23퍼센트 가량이 종교란에 기독교라 쓰지만 현실 속에서 사람들은 기독교를 믿는 이라면 불신부터 한다는 풍문입니다. 그러나 다신교 일본인들은 기독교를 8만 분의 1의 다신교多神敎 중 하나로만 보고 인구의 0.3퍼센트가 기독교인데 그들은 기독교인 하면 '정직과 사랑'의 기강이 반듯한 사람들이라 합니다.

　때문에 레위기, 민수기, 신명기의 시를 쓰면서 믿음 안에서 작은 밑힘을 체험했던 나를 붙들려 했고, 로마서 1장 6~17절의 루터의 이신칭의以信稱義와 칼뱅과 웨슬리의 베드로후서 1장 4~7절의 성화聖化로의 나날의 삶을 생각하며 위로를 받았습니다. 또 루터의 만민제사장설의 그릇 남용으로 현금現金과 현금現今 지금 기독교계 모습을 뜯어보고 기독 신자인 나를 해체하여 보려 했습니다.

 시평

염결한 신앙고백과 참회를 동반한 현실 인식

양왕용

1. 들어가며

열두 시인의 세 번째 시집은 모세 5경 중 나머지인 레위기, 민수기, 신명기를 대상으로 한 시편들이다. 이 세 권의 성경 말씀은 제사장 지파인 레위지파가 여호와 하나님께 제사드려야 하는 규례들과, 광야에서 40년 동안 1세대의 사라짐과 2세대의 탄생을 각 지파별로 일일이 그 숫자로 기록한 것과, 모세가 죽기 직전 모압 평지에서 앞으로 가나안 입성 이후 어떻게 살 것인가를 설교한 율법의 재해석이 중심이 되어 있다. 그러나 한편으로는 모세가 여호와 하나님의 명령에 따라 성막을 짓고 출애굽한 이스라엘 민족을 일시적으로 머물게 한 시내산을 떠나 광야를 헤매면서 고난을 당하며 그때마다 모세를 원망하고 하나님을 배반한 이스라엘 민족의 역사와, 그래도 하나님은 어떻게 그들을 용서하고 사랑하여 40년 동안 광야 생활을 지속하게 하셨는가를 기록하고 있다. 그래서 이 시집의 제목을 '광야의 노래'라 정했다. 달리 말하면 이스라엘 민족의 원망과 배반의 역사이며 이로 인하여 끝내 모세는 이들의 배반에 분노했으며 모세를 포함한 1세대는 결국 여호수아와 갈렙을 제외하고는 가나안 땅에 아무도 들어가지 못하고 만다.

이러한 이스라엘 민족에 대한 하나님의 사랑에 대해서는 그것을 통하여 열두 시인들은 염결한 신앙고백을 하고 있으며, 이스라엘 민족의 배반의 역사들에 대해서는 오늘날 우리에게도 그러한 배반의 역사는 혹시 없는가를 참회하면서 한편으로는 비판하고 있다. 달리 말하면 신앙고백의 경향과 현실 비판의 경향으로 나눌 수 있다. 열두 시인의 대표작 한 편씩을 편집 순서로 살피고자 하나 일단 두 가지 경향 가운데 신앙고백의 경향을 앞세우기로 한다.

2. 다양하고 염결한 신앙고백

(1) 헌신을 통한 영성 회복의 믿음 – 김신영

그자들의 살을 떠서
신들에게 바칩시다

내장과 머리는 따로 놓으세요
번제로 드린다면 만족하실 겁니다.
각을 뜰 때에는 조상들을 기억해요
조상들이 번제로 도살했던
수많은 양들을 기억해요

우리는 그자들을 바치는 것이 아닙니다
신들에게 순한 양을 바치는 것입니다
그자들은 죄를 지었어요
죄 때문에 히스 냄새가 나요

폭풍의 언덕에
당신의 그림자를 놓으시고
양의 살을 흠향하소서

— 〈신성한 제의祭儀〉 전문

　레위기 1장부터 7장까지는 여호와 하나님께 드리는 각종 제사들에 관련된 내용들이 우선 등장한다. 그것들을 열거하면 번제, 소제, 화목제, 속죄제, 속건제 등이다. 김신영 시인의 작품은 레위기 1장에 있는 번제燔祭를 제재로 한 작품이다. 번제는 짐승을 통째로 여호와께 바치는 형식의 제사이다. 레위기 1장에 의하면 가축 가운데 흠 없는 소나 양을 제단 위에서 불살라 여호와께 바치는 것으로 그 절차가 자세하게 나와 있다. 그 순서를 요약하면 다음과 같다.

아론의 자손 제사장이 소나 양 가운데 흠 없는 수컷을 택하여 머리에 안수한 후, 잡아 그 피를 회막 문 앞 제단 사방에 뿌리고 번제물의 껍질을 벗기고 각을 뜬다. 그런 후 제사장 자손들이 제단 위에 불을 붙이고 그 위에 나무를 벌여 놓고 그 위에 각을 뜬 고기와 머리, 씻은 내장과 정강이 전부를 불살아 번제를 드린다.

김 시인은 시에서 이 절차를 더욱 응축하고 있다. 그리고 번제물을 '그자'라고 하여 내포된 의미를 확장하고 있다. 그리고 '그자'들은 죄 때문에 '히스' 냄새가 난다고 상상한다. 히스는 딸기나무의 일종으로 지중해 연안과 영국의 고지대 등, 주로 토지가 기름지지 않은 곳에 자생한다. 특히 영국 소설가 에밀리 브론테(1818-1848)의 소설 〈폭풍의 언덕〉의 배경이 되는 요크셔 주 손턴의 브론테 생가 뒤편의 황무지에도 히스가 만발하여 그곳을 '히스의 언덕'이라고 하고 있는 점을 착안하여 마지막 연에는 폭풍의 언덕이 등장한다. 이렇게 많이 알려진 소설의 배경까지 연상하여 번제 드림을 구체화한다. '그자'가 죄를 지었다는 점은 성결과는 다소 거리가 있으나 '순한 양'이라 하여 속죄와 순종이라는 신앙적 자세를 보여 준다.

죄 많은 우리 크리스천들은 이 시 속의 '그자'들일지도 모른다. 따라서 번제에 바쳐지는 순한 양이 되어 죄 사함을 받아 세속에 물든 우리의 영성을 회복하여 하나님 나라에 들어가야 할 것이라는 생각이 난다.

(2) 삶을 온전히 주님께 드리는 믿음 - 김지원

고운 가루가 되기까지
빻고 또 빻아도
남은 것들이 있습니다

아직 부서지지 않은 것들을 부서지게 하시며
깨어지지 않은 것들로 깨어지게 하셔서
나를 빚어
당신의 형상을 만드소서

공물을 드립니다
첫 이삭을 바칩니다
땅의 모든 소산이 당신께 있음을
천하에 알리는 시간

사실,
당신 것을 당신에게
다시 드리는
아름다운 질서일 뿐입니다

기도의 향연을 피워 올립니다

누룩처럼 부패한 것들을 버리게 하시고
하얀 소금으로만 남은 정결한
한 영혼을 드립니다.

– 〈소제素祭를 드리며〉 전문

　김지원 시인의 시는 레위기 2장에 제시되고 있는 소제素祭 드리는 방법이 제재가 된 작품이다. 김 시인은 목회자로서 그의 일거수일투족을 하나님께 바치는 삶을 살아가고 있다. 따라서 이 작품은 그의 전 생애를 하나님께 바치는 신앙고백이기도 하다. 소제는 원래 곡물을 가루로 만들어 기름과 유향과 함께 불사르는 형식의 제사이다. 그러나 이 작품에서는 그러한 형식보다 고운 가루가 정결한 소금이 되어 끝내는 한 영혼으로 승화하여 자신의 전부를 하나님께 드리는 과정이 간결하고 담백한 어조로 형상화되어 있다.

　첫째 연부터 셋째 연까지는 곡물이 하얀 가루가 되고 끝내는 공물供物이 되어 하나님께 바쳐지는 과정이 제시되어 있다. 그런데 고운 가루가 되는 것은 결코 쉬운 일이 아니다. 빻고 또 빻아도 남은 것이 있다. 말하자면 깡그리 자기 자신을 버리고 온전한 하나님의 사람이 되는 것은 어려운 일이라는 것을 고백하고 있다. 넷째 연에서처럼 이렇게 드리는 것은 원래 하나님의 것을 돌려드리는 과정이라고 인식하면서 그러한 행위는 다섯째 연에서 오로지 기도뿐이라고 고백하고 있다.

이렇게 오랜 기도의 과정을 통하여 김 목사님 자신은 정결한 소금처럼 흠 없는 영혼을 하나님께 바친다. 우리도 이렇게 염결한 삶을 살아야겠다는 생각을 하게 하는 시가 바로 이 작품이다.

(3) 뒤늦게 깨닫고 따르는 믿음 - 정재영

아직 갈 길은 멀리 남고
비는 나뭇가지를 가로막이 삼아 내리는데
해도 달도 보이지 않는 곳에서 동서를 잃었다

지금처럼 빛이 있어도
초점이 뭉개져 사물이 어둠 속에 잡혀 있는 날

눈 감으면
당신은 푸른 하늘 구름보다 선명하게 계시고
눈을 뜨면
당신은 가슴속에 등불로 계셨다

끝 지점을 알지 못하는 길을
돌아서 돌아서 혼자 가던 낭인은

북극성 성좌가 사라진 곳에서
앞서가신 당신 붉은 발자국은
이정표 없는 길가의
하나뿐인 단색 신호등이다

당신은 언제나 앞서가시고
나는 항상 해찰을 하느라
보이지 않을 때가 되어서야
등만 희미하게 보이는 당신을 잡으려
허우적거리며 쫓아갔다

― 〈먼저 가신 길〉 전문

정 시인의 작품은 신명기 1장 33절을 제재로 한 작품이다. 신명기는 모세가 모압 평지에서 군중을 향하여 한 긴 설교 셋으로 구성되어 있다. 물론 신명기의 마지막 장인 34장의 경우는 모세의 죽음에 대한 기록이므로 여호수아가 첨가하였다고 보아야 할 것이다. 첫 번째 설교는 1장 1절부터 4장 43절까지이고, 두 번째 설교는 4장 44절부터 26장 19절, 그리고 마지막 설교는 27장 1절부터 33장 29절까지이다. 따라서 1장 33절의 경우 1장도 46절까지 있으니 대단히 앞부분이다. 33절은 모세가 가나안 땅에 정탐꾼을 보내기로 한 후 군중들에게 불안해하지 말라면서 '여호와 하나님이 먼저 장막 칠 곳을 찾으시고 밤에는 불로, 낮에는 구름으로 인도하시는 자'임을 상기시키는 부분이다. 이스라엘 민족을 인도하는 구름 기둥과 불 기둥은 출애굽기 13장 21-22절에 역사적 사실로 자세하게 나와 있다.

그러나 정 시인의 경우는 이러한 여호와 하나님의 이스라엘 민족에 대한 사랑으로 인도하심에 대한 감격이라는 집단의식을 피력한 것이 아니라 개인적인 신앙고백을 하고 있다. 이 작품 속의 시적 화자 '나'는 첫째 연에서 해와 달도 보이지 않는 절망의 공간에서 길을 잃고 있다. 빛은 보이지만 사물은 어둠 속에 잠겨 있는 둘째 연을 지나 드디어 셋째 연에서 여호와 하나님 당신은 눈을 감아도 푸른 하늘보다 선명하게 계시고, 눈 뜨면 가슴속에 등불로 계신다. 말하자면 구름 기둥과 불 기둥으로 화자 '나'의 삶을 주관하신다. 그래도 넷째 연처럼 끝나지 않는 이정표가 사라진 길에서 당신은 단색 신호등으로 '나'를 인도하신다. 마지막 다섯째 연처럼 이러한 인도하심에도 '나'는 당신의 존재를 항상 늦게 깨달아 보이지 않을 때가 돼서야 당신을 찾아 허우적거리며 쫓는다고 일종의 회한에 잠긴 신앙고백을 하고 있다.

사실 우리는 삶의 현장에서 정 시인 시 속의 화자 '나'처럼 늦게야 하나님의 은혜와 인도하심을 깨닫는 경우가 허다하다. 그리고 '구름 기둥과 불 기둥'을 '나' 개인과는 상관없는 이스라엘 민족에 대한 여호와 하나님의 역사하심이라고 인식하는 경우 역시 허다하다. 따라서 정 시인처럼 '나' 개인의 것으로 고백하는 것은 아무나 할 수 있는 신앙고백은 아니다.

(4) 처참함으로 성결에 이르는 믿음 – 조정

피 흘린 자의 이름이 사서에 남는다

큰 강에서는 태양에 익은 갈대가 베어지고 손칼들이 갈대 줄기를 가르고 망치 소리들이 강의 수면을 흔들며 갈대 편ㅅ을 두드렸다
기자는 갈대 종이에 내 이름을 적었다

– 단의 자손 디브리의 딸 슬로밋이 애굽 사내와 혼인해 낳은 아들이 히브리 아이들과 싸우다가 여호와를 저주해 돌로 쳐 죽였다

슬로밋, 네 아들은 광야의 마른 먼지 같은 자
슬로밋, 네 아들은 내어 주기로 정한 자
슬로밋, 애통하는 자는 복이 있나니
억울함도 정당방위도 고려되지 않는 죄의 본이 되어 죽은 아들 어미는
평화가 충만한 강이라고 이름 지어진 벌을 받아
복이 있나니

광야에 핀 아네모네 꽃빛은
　　홍해를 건너온 사람들이 아이의 머리에 손 얹고 돌아서서 던진 돌의 무게
　　피 냄새를 마시며 날아가는 붉은 너울

　　갈 데 없는 내 이름이 또박또박 적힌
　　여호와의 파일 명은
　　레위기 슬하 '처참'이었다.
　　　　　　　　　　　　　　　　－〈필사 1〉 전문

　조정 시인의 작품은 레위기 24장 10절부터 23절의 '여호와의 이름을 모독하면' 어떻게 된다는 사건을 바탕으로 창작되었다. 사건의 개요는 셋째 연에 축약되어 나타나 있다. 이스라엘 민족 단 지파의 자손 디브라의 딸 슬로밋은 기막힌 사연을 가진 여인이다. 그녀는 애굽 사내와 혼인하여 혼혈아 아들을 낳았는데 그 아들이 이스라엘 아이와 싸우다가 여호와의 이름을 저주하게 된다. 그래서 그것을 목격한 사람들에게 붙들리고 그 아들의 처분을 모세에게 맡겨 모세는 여호와께 기도한 후 여호와의 뜻대로 모든 사람이 그들의 손을 그 아이의 머리에 얹게 하고 돌로 그를 쳐 죽인다. 말하자면 여호와의 이름을 더럽히면 이렇게 된다는 사례가 된 것이다. 아마 그 자리에 그의 어머니 슬로밋도 있었을 것이다.
　이렇게 처참한 체험을 한 여인 슬로밋의 이름의 뜻은 조

시인이 주에서 밝혔듯이 역설적으로 '평화로 충만한 자'이다. 조 시인은 이 여인의 이름이 레위기에 기록된 사실에 주목한다. 그리고 둘째 연과 마지막 여섯째 연에서는 이 시의 시적 화자로도 등장시킨다. 조 시인은 이 두 연을 제외하고는 시 속에는 등장하지 않는 또 다른 화자를 통하여 사건의 진술과 슬로밋에 대한 측은한 마음을 드러내기도 한다.

그래서 이 시는 극적이고 역설적 의미 구조를 가지고 있다. 이러한 시적 장치를 동원하여 슬로밋이라는 여인의 처참한 슬픔을 승화시켜 성결에 이르게 한다.

(5) 순종을 통한 거룩함을 깨닫는 믿음 – 주원규

1
누가 뭐라거나
땅 위가 어떻든 간에
눈은 내렸다

그가 큰 소리로 왜 지랄이야, 외칠 때에도
우리 엄마가 요실금으로 가끔가끔 지린내를 풍길 때에도
그가 돈줄이 끊겨 낙담한 얼굴로 한숨을 쉴 때에도
내가 젖내 나는 아이 등을 토닥토닥 토닥일 때에도
땅 밑에서 할미꽃 이제 봄 되면 꽃피워야지 꽃피워야지
온 천하에 다짐하며 속삭일 때에도

눈은 내렸다

2
'너희는 거룩하라 이는 나 여호와 너희 하나님이 거룩함이니라'(레위기 19:2) 이 말씀에 안구眼球를 모으며 오호라, 이스라엘 백성이 레위기의 율법에 대한 순종을 통해 거룩하게 되었구나, 이스라엘 백성은 그럴 수 있었구나, 새로이 느끼는 순간에도 그때에도 눈은 내렸다
— 〈눈은 내렸다〉 전문

주원규 시인의 작품은 레위기 19장 2절을 근거로 하여 창작된 작품이며 작품 2의 첫 행에 그 구절 후반부가 직접 인용되어 있다. 이 작품에서는 이 작품의 제목이며 세 번에 걸쳐 반복되는 '눈은 내렸다'는 자연 현상에 대한 진술을 어떻게 해석하느냐 하는 것이 이 시 해석의 가장 중요한 부분이다. 그런데 그 내포적 의미는 파악하기가 상당히 힘들다.

우선 1의 첫 부분 세 행에서 '눈은 내렸다' 내포를 개괄적으로 설명할 수 있다. 즉 인간들이 무슨 말을 하든지 땅이 어떻든지 간에 상관없이 눈은 내릴 수 있는 것으로 시적 화자 '나'는 인식하고 있다. 달리 말하면 인간이나 자연 현상의 변화에 상관없이 눈은 내린다. 이러한 개괄적인 의미를 더욱 구체적으로 확대한 부분이 1의 후반부이다. 사람 '그'와 '우리 엄마' 그리고 '나' 이 셋은 인간에 관련된 것으로 4행에

걸쳐 다양한 상황이 제시되어 있다. 그에 비하여 자연 현상은 할미꽃과 봄을 등장시켜 조금은 비정상적인 눈 내림 즉 봄기운이 감돌 때 내리는 눈을 2행에 걸쳐 구체적으로 형상화하고 있다. 바꾸어 말하면 봄기운이 감돌아도 눈이 올 수 있다는 것을 강조하고 있다.

2에서는 이스라엘 백성이 율법에 순종하여 거룩하게 되었다는 사실에 놀라며 깨닫는 순간에도 눈은 내렸다고 진술하여 더욱 주제를 직접적으로 노출시키고 있다. 이 부분의 내포를 정치하게 해석해 보면 다음과 같을 수 있다. 화자 '나'는 광야에서의 이스라엘 민족의 배반의 연속을 통하여 이스라엘 민족은 거룩해질 수 없다는 선입견을 가지고 있었는데, 레위기 19장 2절에서 광야 40년 동안 다양하게 여호와 하나님을 배반했지만 근원적으로는 이스라엘 민족은 여호와의 말씀에 순종하여 거룩하게 된다는 사실을 깨달았다.

이 작품은 이렇게 지엽적이고 미세한 사실들에 일비일희하지 말고 어떠한 순간에도 내리는 모든 상처와 아픔을 하얗게 덮는 눈처럼 여호와 하나님의 말씀에 순종하여 거룩해지자는 메시지를 지니고 있다.

(6) 소망과 꿈의 믿음 – 하현식

내 쉬이 가야 할 땅
돌아가서 누울 곳

가나안
아득히 모래 위에 누워 있다
요단을 허리를 차고
갈멜산 우러르는 네 하늘에
흰 구름 한가로이 떠간다
갈릴리는 언제나 기도에 젖고
찬미 소리 물살 흔들 때
내 마음 끝없는 기원에 젖는다
굽이치는 바다와
아라바의 둔덕 언저리
네 꿈은 깊은 묵도에 빠져 있다
나사렛을 지나가려고
베들레헴 돌아오는 들머리
내 기원도 헤르몬 산을 오른다
내 돌아가서 몸 누일 곳
가나안
물결 잔잔한
갈릴리의 요새 포근하다

— 〈가나안〉 전문

  이 작품을 하현식 시인은 신명기 7장 17절에서 26절까지에서 착상하였다고 하고 있다. 이 부분은 앞에서 밝힌 신명기의 구조에 의하면 모세의 두 번째 설교(4장 44절–26장 19절)

의 비교적 앞부분에 속한다. 모세는 5장에서 호렙산에서 여호와에게 받은 10계명을 근거로 설교하며 6장에서는 가나안 땅에 들어가 지킬 여호와의 명령과 규례와 법도를 전한다. 그리고 7장에서 이스라엘 민족은 여호와께서 택하신 민족임을 강조하고 12절부터 법도를 지키면 가나안 땅에서 모든 물산을 번성하게 하여 이스라엘 민족을 사랑으로 보호하심을 강조한다. 특히 17절부터는 가나안 땅에 있는 다른 민족들을 당신께서 진멸할 것이니 두려워 말며 그들의 신상과 모든 풍물을 버리라고 강조한다.

하 시인은 이러한 성경적 배경을 바탕으로 가나안 땅을 시적 제재로 하였다. 그런데 그 땅이 이스라엘 민족의 땅인 동시에 하 시인을 포함한 모든 크리스천이 궁극적으로 돌아가서 안식할 땅임을 인식하면서 시는 시작된다. 첫 행과 둘째 행에서처럼 가나안은 시적 화자 '나'의 안식처 즉 '돌아가서 누울 곳'이다. 그러면서 가나안 땅을 의인화하면서 공간적 상상력으로 가나안 땅을 거시적으로 묘사한다. 사실 가나안 땅에 들어가서도 이스라엘 민족은 많은 고난을 겪었다. 그러나 하 시인이 인식하는 가나안 땅은 안식과 평화가 있는 복지로 형상화되어 있다. 뿐만 아니라 가나안 땅을 시적 청자 '네'로 설정하여 대화를 나누기도 한다. 가나안 땅에게 들리는 것은 찬미 소리요 언제나 기도에 젖고 묵도에 빠진다. 이러한 가나안 땅과 더불어 시적 화자 '나'의 기원도 헤르몬 산을 오르면서 갈릴리의 포근한 품에 안긴다.

우리 모두는 하 시인처럼 가나안 복지에서 영원한 안식을 소망하고 이 세상을 살아가야 한다. 그러나 조그마한 일에도 웃고 울고 때로는 각박함과 절박함까지 감수하며 나날을 보내고 있는 현실이 전개되기도 한다. 이러할 때마다 읽고 싶은 작품이 바로 이 〈가나안〉이다.

3. 현실에 대한 다양한 태도

(7) 인간의 오만에 대한 염려 – 박남희

구약 시대의 땅은 입을 열어
신을 거역하는 이스라엘 백성을 삼켰지만
요즘의 땅이 입을 연다면 무엇을 할까?

요즘은 옛날의 '스올'을
'크레바스'나 '싱크홀'이라고 부르기도 하는데
매일매일 거대한 사람들을 먹는 지하철도
'스올'의 일종일까?

지하철을 가끔 지옥철이라고 부르는 이유를
새삼 알 것 같다 사람들은 지하철이
무덤으로 달려가는 열차인 줄도 모르고

천연스레 타고 내린다

지하철이 '땅의 입'이라면
인간은 '땅의 언어'쯤 될까?

수시로 말을 삼키고 뱉는 '땅의 입'은
오늘도 성업 중이다
하지만 땅의 입이 뱉고 삼키는 말은
방언 같아서
쉽게 해독되지 않는다

이 땅의 말은 점점 더 난해해지고 있다
- 〈땅이 입을 열어〉 전문

　박남희 시인의 작품은 민수기 16장에 있는 사건이 제재가 된 작품이다. 16장 서두에서 고라와 다단과 아비람과 온이 모세의 의견을 거슬러 반역을 기도한다. 30절 이하에서 그들과 그들의 가족들과 따르던 무리들이 땅이 갈라져 매몰당하여 죽는 사건이 발생한다.

　박 시인은 작품의 첫째 연에서 그 사실을 간략하게 제시한 후에는 바로 오늘날의 상황으로 전환한다. 둘째 연부터는 고대의 '스올'과 같은 현상을 '크레바스' 혹은 '싱크 홀'이라 명명하고 지하철을 등장시킨다. 지하철을 지옥철이라 부르는 데서 착안하여 무덤으로 달려가는데도 불구하고 셋째 연에서처럼 '천연스레 타고 내린다'고 지하철의 부정적인 면을 형상화한다. 그리고 넷째 연에서 그것을 '땅의 입'이라 명명하고 인간을 '땅의 언어'라고 하여 다섯째 연과 마지막 여섯째 연에서는 인간의 말 많은 것을 부정적으로 보고 있다. 인간의 말은 결국 해독되지 않고 점점 난해해진다고 시를 마무리한다.

박 시인은 이 작품에서 이렇게 '땅의 언어'인 인간의 오만과 욕심을 우려하고 있다. 마치 창세기 11장의 바벨탑 사건처럼 인간은 그들이 무수히 내뱉는 말로 다시 혼란에 빠질 것을 예감하고 있다.

(8) 가난한 자들의 이웃 사랑 – 손진은

평화시장 입구
한쪽 눈동자가 살짝 비뚠
채소 노점 최 집사
매끈한 건 아니라도 속을 일 없는 이 길 가게
단골인데, 최 집사 널푼한 인정에
단골인데, 한 번씩 물뿌리개에서 흩뿌려지는
물이 무청이며 배추
시들어 가는 시장 인심까지를
팔딱팔딱 살려 놓는,

대학원에 다니는 소아마비 아들과
　　단둘이 산다는 오십대 홀아비
　　최 집사에겐 비밀이 하나 있지
　　마지막 무 몇 뿌린 누가 뭐래도 팔지 않는 비밀
　　산책 나와 먼발치서 그걸 훔쳐보았지
　　경련 일으키는 형광 불빛 아래서
　　행려병자 할머니에게 무 건네는 손
　　환하고 부드러운 자태로
　　할머니 떠돈 십 년 세월까지도 흔들어대는 것을
　　고맙다는 건지 그 할머니 무언가 웅얼거릴 때
　　평화, 평화라고 물결치는 밤
　　머릿속 자꾸 피어나는 따순 꽃들

　　　　　　　　　　　　　　　　－〈무〉전문

　손진은 시인의 시는 레위기 19장 10절을 제재로 한 작품이다. '포도원 열매를 수확할 때 가난한 사람과 거류민을 위해 남겨 두라'고 하신, 여호와 하나님께서 모세에게 남긴 이 구절은 크리스천들에게는 구제 활동할 때의 덕목으로 뿌리박혀 있다.
　손 시인은 이 작품에서 가난하지만 인정 많은 채소 장수 최 집사라는 인물을 등장시켜 그가 팔고 있는 '무'를 주도적 이미지로 하여 지극히 구체적인 시적 상황을 전개한다. 그러면서 손 시인 자신은 최 집사를 관찰하는 관찰자이면서 동시에 시적 화자의 역할을 한다.

첫 번째 행부터 열한 번째 행까지는 등장인물 최 집사의 모습과 그의 장사하는 정경 그리고 가족사까지 간결하게 제시되고 있다. 그는 눈동자가 살짝 비틀어진 볼품없는 인물이지만 팔고 있는 채소를 싱싱한 상태를 유지하기 위해 부지런히 물을 뿌린다. 그러한 행위로 인하여 시장 인심은 활기차게 된다. 그의 가족은 소아마비지만 대학원 다니는 아들이 유일하다. 열두 번째 행에서 최 집사의 비밀을 등장시켜 독자들을 궁금하게 한다. 그 비밀은 무 몇 뿌리를 팔지 않고 남긴다는 것인데 그 남기는 까닭은 행려병자 할머니에게 가져다주기 위함이라는 것이 다음 부분에서 밝혀지고 있다. 할머니는 고맙다는 말도 제대로 못하고 웅얼거린다. 이러한 정경을 시적 화자는 평화라고 인식하면서 평화의 물결이 출렁이는 밤이며 그러한 정경을 따뜻한 꽃으로 비유하고 있다.

예부터 부자들보다 가난한 사람들이 인정스럽고 이웃 사랑을 잘 베푼다는 말이 있다. 오늘날의 교회, 특히 도시의 대형 교회는 교회의 문턱이 높아 가난한 사람들은 다니기 힘들다고 한다. 그리고 가난 구제나 소외된 자들을 방문할 때 오히려 그들에게 자칫하면 상처를 주는 경우가 있다. 그럴 때마다 최 집사의 사랑 실천을 한 번 생각해 보는 것은 어떠할까 싶다.

(9) 자녀를 위한 올바른 기도 – 양왕용

우리는 혹시 이렇게 기도하지 않는가?
우리 자녀들
머리가 되고 꼬리가 되지 않게 해 주시라고
그러기 위해 좋은 대학 가게 해 주시라고
그동안에는 주일 성수하지 않아도 용서해 주시라고
그러나 주님께서 하신
머리는 주님 명령 듣고 지키며
나 외에 다른 신 섬기지 아니해야 된다는
말씀은 잊은 채
우리의 기도 속에 맘몬이라는 다른 신이 있음은
깨닫지 못한 채
우리는 혹시 이렇게 기도하지 않는가?
우리 자녀들
주일 성수 꼭 하고
주님의 말씀 떠나 좌로나 우로나 치우치지 아니하고
이 땅에 당신의 말씀과 공의가
강물처럼 흐르게 하는 마중물이 되게 해 주시라고
우리는 이렇게 기도해야 되지 않겠는가?
그런 기도 듣고 자란 자녀들
머리가 되고 위에만 있게 될지니
그들로 인하여

우리나라 좌로나 우로나 치우치지 아니하고
남북이 하나 되어 하나님 말씀과 공의가
강물처럼 흐르고 흐르게 될지니.
　　　　　　　- 〈좌로나 우로나 치우치지 아니하고〉 전문

　양왕용 시인의 작품은 신명기 28장 13절과 14절을 제재로 한 작품이다. 신명기 28장은 27장에서 시작하여 모세가 죽을 때까지인 33장 29절에서 마치는 모세의 세 번째 설교의 앞부분이다. 28장의 경우 '순종하여 받는 복'이라는 제목으로 시작하여 14절까지 주로 복에 대하여 언급하고 15절부터는 불순종하여 받는 저주에 대하여 언급하고 있다. 따라서 13절과 14절은 복 받는 부분의 결론에 해당한다. 28장 서두부터 여호와 하나님 말씀에 순종하면 이스라엘 민족이 받을 복은 사람에게뿐만 아니라 땅의 소산과 짐승들에게도 미치며, 대적하는 민족도 패하게 된다고 강조한다. 그러다가 복 받는 결론으로 주의 율법을 잘 지키고 우상 숭배도 하지 않으면 이스라엘 민족을 머리가 되게 하고 꼬리가 되게 하지 않겠다고 한다.
　오늘날 이 성경을 바탕으로 크리스천들의 자녀를 위한 기도에 '머리가 되고 꼬리가 되지 않게' 해 달라는 구절은 거의 보편적으로 등장한다. 그런데 문제는 학교에서 1등이 되게 해 달라는 기도를 하면서 고등학생 특히 고 3의 경우 주일 성수를 유보하고 주일에도 학원 보내고 공부하게 하는 것은 어쩔 수 없다고 생각하는 학부모들이 많다. 그래서 교회 고등부가 위축되고 그러한 기도의 소망대로 공부 잘하는 고등학생들은 명문 대학에 진학했으나 대학생활의 자유분방함으로 인하여 끝내는 신앙을 잃어버리는 경우가 허다하다. 이러한 양상을 초래하는 크리스천들은 맘몬이라는 현세지향적인 우상을 섬기고 있는 것은 아닌가 하는 의문을 제기하면서 반성할 필요가 있다. 사실 신명기 28장 13절과 14절에는 머리가 되는 것도 중요하지만 그러기 위해서는 주의 명령 곧 말씀을 따르고 다른 신 즉 우상을 섬기지 말아야 된다는 것이 반드시 필요한 조건으로 되어 있다.

그래서 양 시인의 작품에는 그 결과 좌로나 우로 지우치지 않는 세계관 그것도 기독교적 세계관이 형성된 크리스천 젊은이들이 우수한 인재가 되어 통일 한국의 장래를 이끌어 가야 한다는 소망이 담겨 있다. 특히 오늘날 세대간 이념간 갈등이 증폭되고 있는 현실에서는 건전한 기독교 세계관을 가진 젊은이들의 출현이 우리에게 더욱 절실하다.

(10) 강건한 젊은이들의 출현에 대한 소망 – 이향아

광야는 이스라엘을 길러 낸 학교,
40년의 광야가 가르치었다
죽지 않을 만큼의 만나로
배고픔이 무엇인가를 알게 하고,

죽지 않을 만큼의 마실 물로
목마름이 무엇인가를 알게 하였다
여호와의 엄정한 커리큘럼은 특수 학교 우등반의 실력을 높여
바람에 귀가 먹는 극기의 교실
견디어서 축적하는 힘의 수련장이었다

자식의 입에서 말만 떨어졌다 하면 집을 팔아서라도
해결해 주는 엉터리 학교에 자퇴서를 내고, 광야로 가자
학생들은 갈수록 약해지고 어리석어지고 집안이 기울고 망하게 생겼다, 광야로 가자
학교들은 문을 닫고 가르친 것도 없어 그 자리에 주저앉아 죽게 되었다, 광야로 가자
끝이 보이지 않는, 돌산에 모래 먼지가 휘모는 광야
거기 가서 엉겅퀴처럼 드세어지자,
거기 가서 선인장 가시처럼 무장을 하자, 광야로 가자
이제 우리도 광야 학교로 가자
누가 지팡이를 잡을 것인가?
지팡이를 쥐고 앞장설 것인가?
우선 집을 나섰는가, 광야로 가자
― 〈광야로 가자〉 전문

이향아 시인은 작품에 관련된 성구를 신명기 8장 5절과

6절이라고 하고 있다. 신명기 8장은 모세의 두 번째 설교인 4장 44절부터 26장 19절의 비교적 앞부분에 속한다. 8장에서 모세는 '이스라엘이 차지할 아름다운 땅'에 대하여 1절부터 10절까지 설교하고 11절부터 20절까지는 '여호와를 잊지 말라'고 당부한다. 5-6절에서는 40년 동안 의식주를 해결해 주시는 '여호와의 명령을 지켜 그의 길을 따라가며 경외하라'고 당부한다. 이 작품은 그 가운데 '그의 길을 따라가는 것'에서 착안한 시라고 볼 수 있다.

그러나 이렇게 부분적인 모티브보다 이스라엘 민족의 광야 생활 40년 전체가 이스라엘 민족을 강인하고 우수한 민족으로 만들었다는 긍정적 관점에서 우리나라 자녀 교육의 잘못된 점을 비판적으로 보고 있다. 그러면서 광야 생활 같은 역경을 이길 수 있도록 하자고 차분하지만 단호한 주장을 펼치고 있다.

이 시인은 첫 행부터 아홉째 행까지에서는 이스라엘 민족의 광야 생활을 강인한 정신력과 지력을 기르는 수련장으로 보고 있다. 열째 행부터 열셋째 행까지에서는 우리나라 자녀의 잘못된 점을 구체적으로 열거하면서 그에 대한 대안으로 '광야로 가자'를 반복하고 있다. 그리고 마지막 열넷째 행부터 스무째 행까지에서는 대안인 광야 학교로 가자는 주장을 점차 강렬하게 한다. 그리고 앞장설 자의 등장도 기대한다.

오늘날 자녀를 초, 중, 고등학교에 보내고 있는 젊은 크리스천들은 바로 앞의 양왕용 시인의 〈좌로나 우로나 치우치지 아니하고〉와 이향아 시인의 〈광야로 가자〉를 읽으면 자녀 교육에 도움을 얻을 수 있을 것이라는 생각이 든다.

(11) 현실에 대한 참회와 인도하심 – 권택명

광야 같은 지상의 나날을
하루하루 아사셀 염소에 기대어 걸어간다.
사막 길을 가야 하는 오늘
신기루에 현혹되면서도
아사셀 염소 그가 내 대신 떠나갔기에
우연처럼 가장한 필연의
숨겨진 오아시스에서 목을 축인다.
신비의 샘처럼 주어지는 순간들을
광야와 사막의 밤에도
이마 위에 쏟아질 듯 빛나는 별들로 인해
다시 일어서는 나날
죄와 허물투성이로
죽었어야 할 나는 죽지 않고
내 대신 죽음의 땅으로 떠나보낸 바 된
아사셀의 염소,
해마다 가지 않아도
단 한 번으로 영원까지 열어 놓은

이사셀의 염소, 그리스도,
그 은총의 그늘 아래
광야 길 사막 길
오늘도 낙타처럼 묵묵히
앞서간 발자국을 따라가고 있다.

— 〈아사셀〉 전문

   권택명 시인은 시에 관련된 성구로 레위기 16장 10절을 들고 있다. '아사셀'이라는 단어가 성경에 처음으로 등장하는 부분이 이 구절이다. 아사셀은 성경 주석에는 '내보내는 염소'라고 간단히 설명하고 있다. 이렇게 간단한 주석으로는 설명이 충분하지 않다.
   레위기 10장에서 아론의 두 아들 나답과 아비후가 제사 드릴 향로에 여호와가 원하지 않은 다른 불을 담았다가 불에 타 죽는 사건이 등장한다. 16장에서는 아론이 두 아들의 죽음과 그 집안에 대한 속죄 의식을 한다. 그래서 16장 전체에는 '속죄일'이라는 제목이 붙어 있다. 9절에서 아론은 여호와를 위하여 제비 뽑은 염소를 잡아 속죄제를 드리고 10절에서 '아사셀'을 위하여 제비 뽑은 염소는 산 채로 그를 위하여 광야로 내보낸다.
   아사셀은 성경 사전에는 '유대 광야에 사는 악령'이라고 간단히 해석하나 그 해석은 다양하다. 문맥상으로 이 뜻을 대입하면 악령을 위하여 염소를 산 채로 내보낸다고 볼 수 있다. 한편으로는 이스라엘 민족의 죄와 허물을 대신 지고 황량한 광야로 떠나가는 염소를 가리킨다고도 볼 수 있다. 즉 이스라엘 민족의 속죄 의식이다. 이것을 신약에 대입하면 인류의 모든 죄를 대신 지고 갈보리 언덕으로 올라가시는 예수 그리스도(로마서 3장 24-26절)를 표상한 것이라고 볼 수 있다.

 이상과 같은 성경적 배경을 알고 권 시인의 시를 살펴보면 그 내포된 의미가 선명해진다. 권 시인은 아사셀의 속죄 의식에서 화자 '나'를 등장시켜 권 시인 자신 또는 오늘날 각박하고 살벌하며 때때로 신기루를 쫓는 삶을 살고 있는 크리스천의 속죄 의식으로 치환한다. 그리고 아사셀의 염소를 그리스도로 상징하고 있다. 즉 사막같이 황량하고 각박한 나날이라도 예수 그리스도의 은총에 의지하여 묵묵히 살아가고 있는 믿음을 고백하고 있다.

 권 시인의 작품의 또 다른 특징은 '아사셀의 염소' 즉 아론이 모세와 더불어 광야에서 드리는 속죄 의식이라는 구체적 상황 설정으로 인하여 현재를 살고 있는 화자 '나'의 각박한 삶 전체가 내포로 상징되고 있다는 점이다. 따라서 등장하는 광야나 사막, 심지어 신기루를 비롯한 사물들이 내포적 의미를 가진다는 점이다. 그것도 크리스천 전체의 삶으로 상징될 수 있다는 점에서 많은 독자들에게 공감될 수 있다. 그리고 권 시인의 이 작품은 신앙고백 경향과 현실 인식 경향의 경계선에 있다고도 볼 수 있다.

(12) 줄 서며 힘들게 살아온 삶에 대한 회한 - 김석

야훼, 이스라엘의 하나님은
요단 건너 약속의 땅에 들어가기 위해서는
열두 지파 이스라엘의 목숨을 씻는 정결례淨潔禮
야훼 하나님은 모세에게 인구 조사를 원했습니다.

칼 들고 방패가 될 수 있는 사람의 숫자가
603,550명이었습니다. 그리고 그들 행군 행렬의
사방으론 우리 난중일기 속 노적봉을 둘러 뛰었던
강강술래처럼 열두 지파 손에 손을 잡아 줄을 세우고
중심에는 법궤 하나님을, 절체절명으로 출발이었고
출발은 작은 땅 이스라엘의 큰 힘 오늘이 되었습니다.

분단의 작은 땅, 남한 인구 절반이 모여 산다는
서울과 경기도, 경기도 북부 경기 사람들의 터
한 달 두세 번 서울 향하는 지하철도 줄 서기입니다
교육 없는 교육의 루소의 교육 이론처럼
줄을 서고 줄 세움을 싫어하는 나는
맘과 몸을 흔들림 그대로 맡겨 삽니다.

돌아보니,
항렬도 잊고,

고향도 찢겨 놓치고 말았습니다.
이스라엘 광야 40년처럼, 사십 년의
스승과 제자 사제동행도 뜸했습니다.
사람들이 말하는 시인이란 위상도,
세상이 내뱉는 종교인으로 법도와 자세도,
지아비와 아버지의 아버지 위계와 질서도,
놓고 놓아 놓치며 바장거려 살아왔습니다.
─〈줄을 서기와 줄 세우기〉 2, 3, 4, 5연

김석 시인의 시는 민수기 1장 전체가 시적 제재가 되어 있다. 1장은 열두 지파의 계수와 별도의 레위 지파 계수가 주요 내용이다. 이렇게 계수한 장정들이 603,550명이었고 레위 지파가 22,000명(민 3:39)이었다. 김 시인의 다섯 작품은 모두가 호흡이 길다. 이 작품은 다른 작품보다는 짧으나 총 7연인데 그 가운데 전체 의미 구조의 핵심 부분인 2, 3, 4, 5연만 인용하였다.

인용 못한 첫째 연은 예수님의 지상 생활의 시작인 요단강에서의 침례와 최후의 만찬에서 열두 제자들의 발을 씻어 주는 것을 3행으로 형상화하고 있다. 그리고 끝 부분 여섯째 연과 일곱째 연에서는 각각 서울 나들이하지 않는 하루를 10행으로 형상화하고, 홀로 서울 나들이한 것을 11행에 걸쳐 형상화하고 있다.

인용한 부분의 의미 구조는 2, 3연이 이스라엘 광야 생활 당시의 인구 조사와 그 직후 출발하는 모습이다. 4, 5연의 경우 김석 시인의 일상으로 짐작되는 시적 화자의 일상이 진술되고 있다. 그리고 그 의미 구조도 대조적이다. 즉 앞부분에서 이스라엘 민족의 계수와 법궤 중심의 행진은 김 시인이 3연 마지막 여섯째 행에서 진술하고 있듯이 '출발은 작은 땅 이스라엘의 큰 힘이 되었다'고 줄 서기를 긍정적으로 보고 있다. 반면, 경기도 북부에 거처를 두고 있는 시적 화자의 일상의 줄 서기는 화자 자신이 많이 싫어함으로써 무의미하고 따분하기까지 하다. 그리고 인용한 부분의 마지막 연인 다섯째 연에서는 고향 상실감뿐만 아니라 스승과 제자, 가족간의 질서 등도 상실되었다고 보고 있다. 말하자면 행복할 천상의 삶에 비해 피폐한 일상의 삶은 여러 가지 관계가 단절됨으로 인하여 상실감을 느낄 수밖에 없다는 것이다.

  김 시인의 시는 이 작품을 포함하여 모두 경어법을 사용하고 있는 것이 특징이다. 경어법의 효과는 시적 청자를 의식한 것이라고 볼 수 있다. 따라서 시 속에 등장하는 기독교 세계관과는 거리가 먼 지나치게 세속화된 현실의 치유 방법은 독자, 나아가서는 이 땅의 크리스천 전체가 합력하여 찾아야 한다는 점을 암시한 것이라고 볼 수 있다.

4. 나가며

열두 시인의 시들이 염결한 신앙고백과 참회를 동반한 현실 인식의 두 경향, 각각 여섯 명으로 나누어지는 것은 우연이다. 그러나 우리 시인들뿐만 아니라 한국 크리스천들에게 가장 중요한 두 과제는 점점 세속화되고 물신화되어 가는 신앙의 양태에서 참다운 영성을 회복하는 것이고, 이념과 지역 그리고 계층과 세대간의 갈등 속에서 특히 요즈음은 서로 적대감까지 보이는 현실에 대하여 교회와 크리스천들이 가만히 두고 볼 수 없다는 점이라고 모두 인식하고 있다.

이러한 인식을 열두 시인들은 레위기, 민수기, 신명기를 통하여 시로 형상화하고 있다. 물론 열두 시인들이 동일한 경향만 고수하지 않는 경우도 있다. 그러나 필자에게는 여기 인용된 열두 편의 시들이 각자의 대표작이며 두 가지 경향으로 나눌 수 있다는 점이 필자의 소신이라고 밝히면서 해설을 마무리한다.

12시인 주소록

우편번호	이 름	주소 / 연락처
13628	권택명 (장로)	경기도 성남시 분당구 미금로 177, 313동 101호(구미동, 까치마을신원아파트) tmkwon1@hanmail.net　　010-3742-1915
10306	김 석 (장로)	경기도 고양시 일산동구 숲속마을 68, 두산위브 608동 903호 chungwankey@hanmail.net　　010-2728-5633
17337	김신영 (집사)	경기도 이천시 애련정로 149번길 2층 집필실 명서헌 ksypoem@naver.com　　010-8632-0578
03736	김지원 (목사)	서울특별시 서대문구 충정로 7길 30, 현대아파트 101동 206호 kjwpoem@hanmail.net　　010-8758-2350
10459	박남희 (집사)	경기도 고양시 덕양구 원당로 69번길 8 nhpk528@hanmail.net　　010-6364-8851
41197	손진은 (장로)	대구광역시 동구 아양로 7길 12, 101동 302호(신암동, 신암뜨란채) sonje1214@daum.net　　010-6658-6079
48104	양왕용 (장로)	부산광역시 해운대구 양운로 37번길 11, 제106동 1301호(좌동, 현대아파트) poyong43@naver.com　　010-3563-2604
06299	이향아 (권사)	서울특별시 강남구 언주로 117, 7동 702호(도곡동, 우성4차아파트) poetry202@hanmail.net　　010-3959-3302
03195	정재영 (장로)	서울특별시 종로구 종로 32길 2, 정치과의원(종로4가) chungsosuk@hanmail.net　　010-5290-8380
10358	조 정 (집사)	경기도 고양시 일산동구 산두로 201번길 28(정발산동) orengrium@naver.com　　010-5357-7802
03365	주원규 (집사)	서울특별시 은평구 불광로 2길 16, 108동 402호(불광동, 북한산현대홈타운아파트) jwonkyu10@hanmail.net　　010-2723-3410
47508	하현식 (장로)	부산광역시 연제구 법원북로 16, 현대홈타운 207동 1704호 shinsun0512@hanmail.net　　010-7651-3457

12시인의 셋째 노래
– 광야의 노래(레위기 · 민수기 · 신명기)

초판 발행일 | 2019년 7월 15일

지은이 | 김신영 김지원 박남희 손진은 양왕용 이향아
　　　　　정재영 조　정 주원규 하현식 권택명 김　석
펴낸이 | 임만호
펴낸곳 | 창조문예사

등　록 | 제16-2770호(2002. 7. 23)
주　소 | 서울 강남구 선릉로 112길 36(삼성동, 창조빌딩 3F)(우: 06097)
전　화 | 02) 544-3468~9
F A X | 02) 511-3920
E-mail | holybooks@naver.com

책임편집 | 장민혜
디자인 | 이선애
제　작 | 임성암
관　리 | 양영주

Printed in Korea
ISBN 979-11-86545-68-3　04810
　　　　 979-11-86545-36-2 (세트)

정가 10,000원

※잘못 만들어진 책은 교환해 드립니다.